LA NATURE

BIBLIOTHÈQUE-CHARPENTIER

A **3 fr. 50** le volume.

OUVRAGES DU MÊME AUTEUR :

Dans les Brandes . . . . 1 vol.
Les Névroses (5e mille) . . . . 1 vol.
L'Abime . . . . 1 vol.

ÉVREUX, IMPRIMERIE DE CHARLES HÉRISSEY

MAURICE ROLLINAT

LA NATURE

— POÉSIES —

PARIS
BIBLIOTHÈQUE-CHARPENTIER
G. CHARPENTIER ET F. FASQUELLE, ÉDITEURS
11, RUE DE GRENELLE, 11
1892

LA NATURE

LE VENT

Elément fantôme, ondoyant,
Impalpable, invisible, ayant
La soudaineté, le fuyant,
    Toutes les forces,
Tous les volumes, tous les poids,
Tous les touchers, toutes les voix,
Toutes les fougues, à la fois
    Droites et torses...

Le vent ! Protée aérien,
Surveillant, quand il ne dit rien,
Sa métamorphose qu'il tient
    Constamment prête !
Le vent ! frôleur du liseron,
Du grain de sable, du ciron,
Et, tout à coup, le bûcheron
    De la tempête !

Soufflant la bonne exhalaison,
Il recèle une trahison,
Puisqu'à cette même saison
    Où son haleine
Va délecter les odorats,
Les Pestes et les Choléras
Sont les voyageurs scélérats
    Qu'elle promène.

La Terre semble jubiler
Et l'Océan se consoler

LE VENT.

Lorsque le vent veut s'appeler
    Zéphir ou brise,
La fleurette est pour ce berceur
Une toute petite sœur
Qu'il vient câliner en douceur
    Et sans surprise.

Las de siffler et de gémir,
Certains jours, il paraît dormir :
A peine alors s'il fait frémir
    La moindre tige ;
Il s'endort, puis s'éveille un brin,
Souffle minuscule et serein
Qui lutine au ras du terrain
    Et qui voltige.

Même on dirait qu'il a le goût
Du silence, qu'il s'y dissout :
Un soupir de soupir, c'est tout
    Ce qu'il profère :

LA NATURE.

Il flotte mystique, enchanté,
Comme une âme de volupté
Dans la diaphanéité
    De l'atmosphère.

Il se distrait du calme plat
En vagabondant çà et là ;
Sans que son humeur pour cela
    Soit tracassière,
Il bat la feuille qui devient
D'un vert neuf ou d'un vert ancien,
Car il l'époussète aussi bien
    Qu'il l'empoussière.

Mais avec le temps automnal,
Les hauteurs, la plaine, le val,
Sont pris du frisson végétal
    A l'improviste ;
On se retourne en maint endroit
Sur un coup subit qu'on reçoit...

LE VENT.

C'est le vent aigre, presque froid
    Et déjà triste.

Et dès lors, derrière, devant,
De côté, toujours s'élevant,
Flue et reflue un bruit bouffant;
    Avant la pluie,
C'est un claquement sec, un peu
Comme le frou-frou d'un bon feu,
Quand la flamme jaune au dard bleu
    Lèche la suie.

Les feuilles cessant de stagner
Commencent à dodeliner,
On voit très au loin moutonner
    Toute leur masse;
Un trouble parcourt le gazon,
La girouette, le buisson
Gesticulent à leur façon,
    Et l'eau grimace.

Quand la tempête se produit,
Le vent hurle. C'est toujours lui
Qui la devance, la conduit
    Et la présage;
Et son mauvais surgissement
Fait sentir plus spectralement
Le livide assombrissement
    Du paysage.

Au fond des campagnes, dans l'air,
Quel cauchemar et quel enfer
Quand, parmi la foudre et l'éclair,
    Le vent inflige
Sa démence à l'obscurité !
Tout tourne en pleine cécité
Dans l'effroyable insanité
    De ce vertige.

L'hôte inquiet d'un vieux manoir
Doit nécessairement savoir

LE VENT.

Combien il est lugubre et noir,
    Les nuits d'orage,
D'entendre, tout seul, du dedans,
Ces gigantesques bruits grondants,
Confus d'abord, bientôt stridents
    Et pleins de rage.

Insensiblement, par filets
Plaintifs, saccadés, maigrelets,
Le vent glisse entre les volets
    Et sous les portes,
Et, s'engouffrant aux corridors,
Il gémit ainsi que des morts
Qui viendraient pleurer leurs remords
    Avec des mortes.

La rumeur monte, en plus chagrin,
Comme un bourdonnement marin ;
Et puis, tumulte souterrain,
    Clameur mourante

De tout un peuple massacreur.
Rires de folles en fureur...
C'est la musique de l'horreur
  Dans l'épouvante !

Le vent ne commence parfois
Qu'à fendre l'air en tapinois,
Qu'à gercer l'eau, tâter les toits,
  Froisser le chêne,
Coucher l'herbe et raser le roc :
Il se tasse pour un grand choc.
Et subitement, tout d'un bloc.
  Il se déchaine

Contre les bois, les prés, les monts,
Routes, sentiers, sables, limons ;
Il faut au jeu de ses poumons
  Les vastitudes
Et s'exaspérant des prisons
Que lui font les quatre horizons

LE VENT.

Il cogne à toutes les cloisons
    Des solitudes !

Il fouille les coins et les creux ;
Au sommet des glaciers affreux
La neige, par monceaux vitreux,
    Par masses blanches,
S'écroule sous son cinglement
Qui poursuit caverneusement
La chute et l'engloutissement
    Des avalanches.

Les océans sont rendus fous
Par les plongements de ses coups.
Il redescend au fond des trous,
    Remonte aux cimes...
Et rebouleversant les flots,
Précipite encor son chaos
Des escarpements les plus hauts
    Dans les abimes.

Il met le feuillage en haillons,
Sabre les blés sur les sillons,
Prend l'herbe dans ses tourbillons,
 La tord, la hache ;
Il livre même des combats
Aux vieux arbres de haut en bas,
Et quand il ne les pourfend pas,
 Il les arrache !...

Et, toujours, par tout l'univers,
Par les continents et les mers,
Les champs, les cités, les déserts,
 Passe et repasse,
Tour à tour tendre et furieux
Ce grand souffle mystérieux :
La respiration des cieux
 Ou de l'espace !

LA CHARRUE

Là-bas, sur cette lande ardue
Où de l'eau jette un louche éclat
Et dont le blême horizon plat
Prolonge encore l'étendue,

Cette charrue afflige l'œil !...
Sinistre épave surannée
De la culture abandonnée,
Elle met la pensée en deuil.

Car funèbre est sa silhouette
Autant que celle d'un tombeau
Sous les planements du corbeau
Et les zigzags de l'alouette.

Là, naguère, des papillons,
Comme des âmes du silence.
Traînaient leur vol qui se balance
Sur les friches de ses sillons.

Une lumière droite et crue,
Frémissante et fixe à la fois,
Faisait flamboyer les vieux bois
Et les vieux fers de la charrue.

Maintenant, dans l'air déserté
A grand'peine un cri qui se sauve!
Et sur toute la plaine fauve
La visqueuse immobilité.

Mais, sous les larmes de bruine
Que pleure le si triste ciel,
Combien tragique et solennel
L'aspect de cette humble ruine !

Justement, voici que la nuit,
Approchant de sa plénitude,
Souffle un frisson d'inquiétude
Aux haleines du vent qui fuit;

Encore bien plus solitaire,
Sait-on si ce malheureux bloc
N'entend pas monter vers son soc
Une voix du fond de la terre

Qui lui dit : « Sur toi désormais
La moisissure va s'étendre;
Homme et bœufs, tu peux les attendre,
Ils ne te reviendront jamais. »

LA NATURE.

La nue est déjà recouverte
D'un vitreux toujours brunissant :
Vague, la charrue, à présent,
A l'air d'un grand fantôme inerte.

Et toute l'horreur du sol ras,
Tout le mystère de l'espace,
Tout l'effroi du jour qui trépasse
Tient alors entre ses deux bras :

On ne voit sous le ciel livide,
Chargé des ombres du lointain,
Que cet angle à peine distinct,
Gigantesque, emplissant le vide.

LE CHAMP DE BLÉ

Bordé d'arbres très vieux où d'une patte alerte
Geais et piverts grimpaient en mariant leurs cris,
Le petit champ de blé dormait sous les cieux gris,
Triangle jaune, au sein d'une immensité verte.

Au milieu d'un désert, dans un cadre chagrin
De rocs monstres, de bois spectres, d'âpres collines,
Entre des joncs, des houx, des genêts, des épines,
D'un mouillé dénonçant la bourbe du terrain.

Ressortant sur ce louche et vaste marécage,
Dans un océan vert, espèce d'îlot blond,
Ce champ vous surprenait : sous la voûte de plomb :
Il devenait terrible en ce pays sauvage.

Il était si perdu, si loin d'une maison!
A croire qu'un génie, amant de la nature,
L'avait ainsi planté pour offrir la pâture
Aux oiseaux besoigneux dans la froide saison.

Bluets, coquelicots, tiges entremêlées,
Ici, là, montaient haut presque jusqu'aux épis:
Ailleurs, sous des chardons violets assoupis,
Le froment rabattait ses têtes barbelées.

Et muet et léger comme un zéphir d'été
Sur un étang cuivreux engourdi dans sa vase,
L'insecte nonchalant voltigeait en extase
Sur cette nappe d'or dans l'immobilité.

Mais déjà, par endroits, trouble, mal épandue,
La lumière du jour ne se trahissait point ;
Et de grandes vapeurs s'élevant sur tel point,
Tachaient d'ombre le vide affreux de l'étendue.

Un chaud morne et brumeux ! d'air ? pas même un soupçon.
L'écho restait figé dans sa caverne sourde,
Et le vague emplissait cette atmosphère lourde
Où l'arome étouffé stagnait comme le son.

Peu à peu le soleil trouant la nue à peine
Teinta ses voiles gris du sang de ses rayons,
Et, bientôt, les hiboux, reptiles et grillons,
Ne firent qu'une voix ligneuse et souterraine.

Tous les oiseaux criards maintenant avaient fui ;
La stupeur écrasait les chênes et les hêtres,
Ce monotone accent des invisibles êtres
Ajoutait au silence un mystère d'ennui.

Et le soir vint : le vent toujours sans remuage,
Effleurait ce grand blé d'insensible façon,
Juste assez pour qu'il eût un semblant de frisson
Dans le croupissement de l'air et du feuillage.

LA CANICULE

Le ciel couve la pestilence :
Le soleil, à coups de rayons,
Persécute jusqu'aux grillons
Qui s'enfouissent dans le silence.

Le ruisseau naguère si plein
Ne monte pas à la cheville;
Et là-bas, se recroqueville
La roue énorme du moulin.

Midi ! l'heure atroce est venue
Où le terrain surétouffé
Va cuire après avoir chauffé
Sous la fournaise de la nue.

Entre ces deux brasiers, il faut
Sans qu'une brise le console,
Que le paysage rissole
De haut en bas, de bas en haut,

Malgré sa cuirasse d'écailles,
Le lézard, qui se risque moins
Cherche davantage les coins
Au long des murs et des rocailles.

Insecte, caillou, jonc, roseau,
L'archer cruel prend tout pour cible.
Le papillon est invisible,
Taciturne reste l'oiseau.

LA CANICULE.

Hormis le ronflement des mouches
Tourniquant sur un lac tari,
Pas un murmure, pas un cri
A travers ces pays farouches.

L'herbe grille sur les plateaux
Et dans les fonds elle se fronce ;
Le genêt, le buis et la ronce
Noircissent au pied des coteaux.

Par la chaleur, déjà soufferte,
L'arbre accablé finalement
Porte comme un écrasement
Le poids de son feuillage inerte.

Et toujours plus lourd, plus fiévreux,
Croupit l'air qui se coagule,
La contagion s'inocule
Partout, aux recoins comme aux creux.

Les rochers noirs et jaune soufre
Rutilent, calcinés d'aplomb,
Et le torrent roule du plomb
Entre les braises de son gouffre.

L'espace devient un cachot
De brume ardente qui tremblote ;
Parfois, au ras du sol il flotte
Comme une vapeur de réchaud.

Et les bêtes se sauvent toutes
Du soleil comme d'un danger ;
Aucun pas ne vient déranger
La poussière blanche des routes.

Avec un tel acharnement
La canicule fait son œuvre,
Que la si frileuse couleuvre
En arrête son rampement.

Mais l'éclat moins cru de la roche,
Le flamboiement plus sourd de l'eau,
L'aspect rembruni du tableau
Annoncent que la nuit s'approche.

Et bientôt gronde une rumeur
Sur ces terres torréfiées,
Çà et là toutes barbouillées
Du sang de l'astre qui se meurt.

Et de nouveau la voûte craque :
Mais ce tonnerre d'un instant
Cesse : l'orage en avortant
Rend l'atmosphère plus opaque.

Tout brûle encor comme un damné
Dans cet enfer de la nature
Où maintenant la pourriture
Souffle un miasme empoisonné !

L'ombre s'installe : c'est quand même
Toujours du feu, moins la clarté.
C'est la cuisante obscurité
Au milieu de l'horreur suprême.

Et prise d'un affreux sommeil.
Dans cette ténébreuse étuve,
La campagne s'endort et cuve
Sa morne ivresse de soleil.

ÉTUDES DE VIPÈRES

Aux premiers rayons chauds sur les premiers feuillages !
Quand, rebariolés de leurs verts tatouages,
Les horizons déjà luisent dans la vapeur.
La vipère tressaille au fond de sa torpeur :
Puis, en se ranimant, par degrés, elle acère
Sa queue et son museau, — se gonfle, se desserre,
Comme pour soulever de ses mouvements froids
La pierre qui la tient si plate sous son poids.
Son désenroulement que la crainte retarde
S'opère enfin. — Sa tête avec lenteur se darde

Par la fissure où filtre un rayon de soleil :
La chaleur du dehors achève son réveil,
Et la bête choisit un coin tiède et s'y love
Pour cuver son venin que le printemps rénove.

    Ayant replié sa queue et son chef
    Elle ébauche ainsi la forme d'un f,
    En plein marais vide où sèche la bourbe.
    D'un noir si luisant qu'elle est en relief
    Sur le charbonneux amas de la tourbe.
    Soudain, des deux bouts, elle se décourbe,
    Surprend ce mulot, siffle, et, sans grief,
    Le pompe à longs traits encor, derechef,
    Et ferme sur lui sa gueule de fourbe.

Tout enroulée autour d'un chardon qu'elle étrangle,
Ne montrant que le bout de sa tête en triangle,
Elle reste muette et des heures au pied
De l'arbre où ses regards montent pour épier.
Elle a senti là-haut, dans ce treillis vert sombre,
Comme un sautillement ailé de petite ombre

Avec un cri devant sortir d'un petit bec :
Par instants, elle tire à demi, d'un coup sec,
Sa languette fourchue ainsi qu'une flammette,
Sibilant de façon à ce qu'elle n'émette
Aucun son trop strident qui la dénoncerait.
Prête à magnétiser : lorsque l'oiseau paraît !
A peine vu qu'il est déjà sous l'affreux charme,
Le sifflement pointu répond au cri d'alarme,
Et la vipère impose à l'oiseau plein d'effroi
La fascination fixe de ses yeux froids.

LA VIEILLE HACHE

Le fer et le manche lépreux,
Au coin de la muraille où pousse
Le champignon avec la mousse,
Elle moisit d'un air affreux.

Soudain, en ce caveau qui grouille
De légumes et de tessons,
La hache, entre deux limaçons,
Parle en ces termes à la rouille :

LA VIEILLE HACHE.

— Je suis bien hideuse, et ma foi !
Pauvre malheureuse cognée
Je souhaite que l'araignée
Ne travaille ici que pour moi !

Me quitteras-tu, cancer jaune,
Où dois-je à perpétuité
En cette humide obscurité
Rester ta pâture et ton trône ?

C'est pourtant un diable du fer
Qui conçut et finit ma forme :
Je le revois sous l'ombre énorme
Du grand soufflet de son enfer !

Dos, lame et flancs, j'étais si nue,
D'un si pur métal gris et bleu
Au fil mince comme un cheveu...
Que mon aspect glaçait la vue.

Quand il fallait me repasser
L'homme ne faisait pas la moue,
Pas plus tôt en branle la roue
Qu'elle avait fini de grincer !...

Aussi, quand je quittais la meule,
Il disait en s'émerveillant :
« Ce que c'est ! Déjà, quel taillant !
« Elle va couper toute seule ! »

Ah ! oui ! l'aiguisage était prompt...
Et j'étais sûre de mon rôle,
Lorsque je partais sur l'épaule
De mon maître, le bûcheron.

Alors, m'en allant au massacre
Du vieux chêne ou du grand bouleau,
Je renvoyais tout comme l'eau
Des reflets d'ardoise et de nacre

LA VIEILLE HACHE.

Je tranchais si bien qu'en deux coups
J'abattais les plus fortes branches.
Je faisais des entailles franches
Dans le cœur des buis et des houx.

Et, parce que tu m'as mangée,
Peu d'abord, et puis, toujours plus,
Parmi ces poinçons vermoulus
Je reste là dévisagée.

Dans un souterrain plein d'effrois,
Avec des êtres lents et froids
Traînant un corps d'ombre et de marbre :

Ton acharnement me confond !
Qu'es-tu donc ? — La rouille répond :
— Je suis la vengeance de l'arbre.

LE RENOUVEAU

L'herbe qui pousse et qui s'étend
Au long des pentes ravinées
Annonce la fin de l'Antan :
Les roches demi-gazonnées
Font le paysage content.

Pour fêter les jours qu'il attend,
Le grillon reprend ses tournées
Et recraquète en arpentant
    L'herbe qui pousse.

Et, si du fond de son étang,
Par les soirs et les matinées,
Tel bon crapaud chargé d'années
Commence à devenir flûtant,
C'est que nuit et jour il entend
    L'herbe qui pousse.

LA NATURE.

IMPRESSION D'HIVER

L'herbe tombe en décrépitude,
L'eau vive gèle au fond des trous ;
Seul, un bois de pins et de houx
Reste vert dans la solitude.

Ironique par ce temps rude
Cette couleur a l'air moins doux
Que les tons fanés, bruns et roux,
Dont l'œil prend la morne habitude.

IMPRESSION D'HIVER.

Ce verdoiement noircit le froid,
Et quand on marche en cet endroit
Une vague horreur vous escorte :

Car ils semblents maudits, l'hiver,
Ces terrains tout nus comme un ver,
Sans un lambeau de feuille morte.

LES FEUILLES MORTES

Avec les progrès de l'automne
La campagne se rembrunit
Et, par endroits, saigne et jaunit
Dans son verdoiement monotone.

La méditation du ciel
Prend les paysages. — Les choses
Ont des silhouettes moroses
D'un surgissement solennel.

LES FEUILLES MORTES.

Et, lugubrement, se prolonge,
Frémissant ou stupéfié,
L'immense feuillage noyé
Dans une atmosphère de songe.

Un murmure bas se produit
A travers cette somnolence ;
Comme une plainte du silence,
Comme un gémissement du bruit.

A la longue, toute la masse
Des grands horizons chevelus
Change et languit de plus en plus
Sous la brume qui se ramasse.

Puis, rafales, froid, ciel en pleurs !
Encore se métamorphosent,
S'altèrent et se décomposent
Ces fouillis d'ombre et de couleurs.

LA NATURE.

On dirait qu'avant la froidure
La terre étale ses adieux :
Si tristes chantent pour les yeux
Ces tons mineurs de la verdure.

Ces doux pastels qui se défont,
Ces aquarelles presque éteintes,
Ces coloris vagues, ces teintes
D'un fané toujours plus profond !

Lorsque la brume se déchire,
On voit luire au soleil peureux
Des jaunes d'un vert douloureux,
D'immortelle, d'ocre et de cire.

Des rouges-vin, des rouges-sang,
De mauvais roses de phtisie,
Tendre et funèbre poésie
Des pauvres feuilles trépassant !

LES FEUILLES MORTES.

Avant peu, l'oiseau qui les hante
Verra nus l'arbre et le buisson ;
Et voici leur dernier frisson
Sur la branche naine et géante.

Elles ont tant de fois souffert,
Poussiéreuses, cuites, mouillées,
Si souvent les a travaillées
La fermentation de l'air,

Qu'aujourd'hui, sans effort, sans lutte,
En passant, rien qu'à les frôler,
Le vent les fera s'en aller :
Elles sont mûres pour la chute.

Dans le fossé, dans le sillon,
Sur l'herbe pâle et sur l'eau brune,
De temps en temps, il en tombe une,
Tout droit — ou, comme un papillon,

Elle se balance, elle flotte,
Se soutient en l'air un moment
Par un petit voltigement
Qui se tortille et qui tremblote.

Mais l'aquilon vient à s'aigrir...
Elles tournent, folles, pressées,
Confuses comme les pensées
D'un malade qui va mourir.

Et sous la nue âpre et plombée,
Toujours plus pauvre de rayons,
C'est l'envolée en tourbillons
Ou la verticale tombée.

Le vent siffle ou garde en rampant
Un silence plein de menaces ;
Bien peu de feuilles sont tenaces :
Elles jonchent le sol coupant,

LES FEUILLES MORTES.

Herbu, glaiseux, toutes les sortes
De terrains bossus, penchés, creux.
On voit chemins plats et scabreux
Mosaïqués de feuilles mortes.

Là se poursuit le dénouement
De leur si lente flétrissure
Par une lente moisissure
Un lent recroquevillement.

Bien longtemps, le regard qui traine
Distingue en leur amas croupi,
La petite pomme d'api
Soudée à la feuille du chêne.

Et c'est l'averse après le vent,
Ou la gelée après les pluies !
Parmi ces régions enfouies,
Le tout à la fois si souvent !

Elles se soulèvent de terre
Avec ce mouvement cassé,
Ce vague essor d'oiseau blessé
Qui retombe et meurt solitaire.

Elles roulent par les torrents,
Elles vaguent sur les rivières,
Elles vont servir de litières
Aux petits ruisseaux transparents.

Et maintenant champs et prairies,
Les berges, les talus, les fonds
Ont des couleurs d'anciens plafonds
Et de vieilles tapisseries.

Le val où la brume épaissit
S'en imbibe comme une éponge,
L'ombre de la nuit qui s'allonge
Y suit le jour qui raccourcit.

LES FEUILLES MORTES.

La plaine paraît écrasée.
Farouche à l'œil, hostile au pas,
Comme si, sous le ciel plus bas,
La terre s'était renfoncée.

La montagne surgit en vain
Pour animer tant de ruines,
Elle-même est dans ces bruines
Aussi morne que le ravin.

La ronce déjà moins résiste
A sa décoloration :
Rien ne donne l'impression
D'un échevèlement si triste ?

La source rentre sa clarté,
La mousse obscurcit les décombres,
La pierre accumule des ombres
Autour de sa lividité.

Oscillant à tout vent qui passe,
Côte à côte, absolument nus,
Les peupliers sont devenus
D'immenses fuseaux de l'espace.

Et le coudrier, peu à peu,
Voit s'enténébrer la rivière
Où tremblait si bien la lumière
Avec son morceau de ciel bleu.

Le vieux hêtre à ramure torse
Grelotte. Y venant frappoter
Le pivert l'entend se voûter
Sous sa carapace d'écorce.

De séculaires châtaigniers,
Sans leur feuillage qui rapièce
Et raccommode leur vieillesse,
Sont hideusement renfrognés.

LES FEUILLES MORTES.

Vus à des distances voisines,
Des chênes paraissent lointains,
Et les branchages de certains
Ont plutôt l'air de leurs racines.

Aux souffles brutaux et malsains
Jour et nuit leur livrant la guerre,
Les buissons si touffus naguère,
Agitent leurs maigres fusains.

Le brouillard, de tant de mystère
Charge tels sols roux et blafards,
Que l'étang, sans ses nénuphars,
Y serait pris pour de la terre.

Le soleil se montre : sur lui
Rampe un nuage qui l'éclipse,
Et c'est un jour d'apocalypse
Au milieu d'un désert d'ennui.

Cet effet sinistre qu'emprunte
L'air humide au vol du corbeau
Vous opprime : on songe au tombeau
Dans cette nature défunte.

De petits végétaux tout secs
Et l'herbage où l'eau s'incorpore
Ont des formes de madrépore,
De corail, d'algue et de varechs.

Comme enfumés par l'atmosphère,
Les pins noircissent, et voici
Les lierres assombrir aussi
Leur éclat pensif et sévère.

Par delà brandes et guérets,
Dans une vapeur qui les brouille,
Se profilent, coiffés de rouille,
Les grands squelettes des forêts.

LES FEUILLES MORTES

Les visions diminuées
Font des spectres à l'horizon.
Le libre espace est en prison
Sous sa coupole de nuées.

Et l'hiver long comme un remords
Met son froid sur l'ombre accroupie :
Toutes les feuilles en charpie
Achèvent de pourrir leur mort.

LE SCULPTEUR

Le vent est le sculpteur de l'onde
Qu'il pétrit, brasse à coups tordus,
Lorsqu'il chasse, poumons tendus,
Sa grande haleine vagabonde.
Mer, fleuve, ruisseau, flaque immonde
A son gré deviennent bossus,
Raboteux, caves et pansus.
Et, comme il meut la face, il sonde
Le fond de l'eau basse ou profonde.
Faut-il que l'éclair le seconde,

LE SCULPTEUR.

Qu'à ses souffles redescendus
La voix du tonnerre réponde ?
Pourquoi ? puisqu'il serpente et gronde !
S'animant tout seul, il abonde
En façonnés inattendus :
Les yeux demeurent confondus
Par son invention féconde
Qui se varie à la seconde
Sur tous ces miroirs éperdus.
Mais les pouvoirs qu'il a reçus
De la souveraine du monde
Ne vont pas jusqu'à polir l'Onde :
A moins cependant qu'il ne tonde
En les vernissant ses dessus,
Quand la nuit, dans la saison blonde,
A soupirs vagues, imperçus.
Il rampe au long des coins moussus
Et flotte sous la Lune ronde.

LUNE D'ORAGE

La lune a mangé les nuages ;
Elle émerge, s'épanouit.....
Et soudainement désenfouit
La vision des paysages.

Le brouillard abat ses cloisons
Entre le feuillage et la pierre ;
Une lumineuse poussière
Parsème les quatre horizons.

LUNE D'ORAGE.

Au ciel calmé, de bon augure,
Frémit l'astre de diamant,
Et sous son froid scintillement
Qui les nimbe et les transfigure.

Tous les fantastiques décors
Des hauteurs, des fonds et des berges,
Ont le frissonnement des vierges
Et la solennité des morts.

La plaine sauvage dénombre
Ses aspects lépreux et chagrins ;
Joncs des étangs, plis des terrains
S'illuminent dans la pénombre.

Sur la colline, au creux du val,
La campagne rugueuse et verte
S'enveloppe mi-découverte,
D'une atmosphère de cristal.

LA NATURE.

Des chatoiements pleuvent, s'épanchent
Dans les torrents bleus, les lacs noirs,
Redevenus les clairs miroirs
Des pauvres arbres qui s'y penchent.

Fougères, genêts sont jonchés
Des beaux reflets qui s'entrelacent,
Argentant, quand ils se déplacent,
L'ombre du sable et des rochers.

A travers landes et bocages
Réapparaît visiblement
Le troupeau brouteur ou dormant
Des bœufs perdus dans les pacages.

Bien qu'il semble aux tristes hiboux
Que le gai matin s'élucubre,
Ils poussent un cri moins lugubre
Au fond du silence plus doux.

LUNE D'ORAGE.

Dans les forêts, l'horreur fait trêve,
Car sur maint vieux chêne tortu
Le rossignol qui s'était tu
Recommence à pleurer son rêve.

Par les prés, entre les sillons,
La voix des cailles se réveille ;
Les buissons reprêtent l'oreille
Au cliquettement des grillons.

Et de nouveau ronflent des ailes
Les papillons « tête-de-mort » ;
Et le marais grossit encor
Sa plainte et son bruit de crécelles.

Tout à l'heure, avec ce frisson
De la tempête qui s'amasse,
Une averse humectait l'espace
Et le sol, de telle façon

Que le vent moite qui circule
Mouille encore ce clair-obscur,
Amalgame tranquille et pur
De l'aurore et du crépuscule.

Et le bon soleil des crapauds
Dissipant son inquiétude,
Toute l'étrange solitude
Goûte l'extase et le repos :

Elle s'endort dans ses arômes,
Avec ses hôtes engourdis.
Comme un nocturne paradis
De mélancoliques fantômes.

Mais, lente, sans trop s'accuser,
La brume a refilé ses toiles,
Et voici, sous de mornes voiles,
La Grande Lampe agoniser.

LUNE D'ORAGE.

Déjà grondent par intervalles
Les cieux sinistrement couverts,
Et la pluie arrive au travers
Des flamboiements et des rafales.

Hors le murmure coassant,
Tout bruit d'en bas tombe et s'enterre ;
Puis, la couleur devient mystère,
La forme va s'assombrissant.

Et par degrés, toujours plus brune,
Elle chancelle et se réduit.....
Et l'orage reprend la nuit :
Les nuages mangent la lune.

LE PETIT TÉMOIN

Sans beaucoup sortir de ses trous,
L'insecte voit ce qui se passe :
A sa manière, autant que nous,
Il est le témoin de l'espace.

Ses ciels sont les morceaux d'azur
Tenant entre deux feuilles vertes;
Ses monts, les pierres d'un vieux mur,
Et ses lacs, les flaques inertes.

LE PETIT TÉMOIN.

Un ruisseau lui fait l'Océan,
Le brin d'herbe, un arbre géant,
Et toute la nature en somme

Se réduit pour ses petits yeux :
Il ne manque à ce curieux
Que la miniature de l'homme.

LES GRANDES ROUTES

Au temps bruineux et bouffant
Les grandes routes sont en fête...
La poussière s'abat ou bien va s'élevant...
Les mètres de cailloux luisent d'un air vivant.
Et les arbres plus frais agitent mieux la tête.
Mais quand le soleil triomphant
Etend jusqu'à l'eau sa conquête,
En leur morne longueur l'ennui va s'aggravant ;
Elles qui sont toujours en quête
Des souffles de l'espace et de son bruit mouvant

LES GRANDES ROUTES.

La chaleur plate les hébète :
Tout stagne aux alentours sous le ciel étouffant.
Et la poussière sitôt prête
A prendre son essor au moindre coup de vent,
Avec le sol brûlé croupit en tête à tête.
L'être humain non moins que la bête
N'est pour elles le plus souvent
Qu'un fantôme banal, furtif et décevant
Qui passe et jamais ne s'arrête.
Mais que le ciel gronde et revête
Un brouillard blême qui se fend
Au tranchant d'éclairs se suivant.....
Qu'un tourbillon soudain enlace jusqu'au faîte
Les monts et les forêts qui sommeillaient avant...
Alors, au fort de la tempête,
Les grandes routes sont en fête !

LE BROCHET

Le guet-apens de la matière,
L'instinct le plus traître du mal
Incarnent dans cet animal
Leur fatalité tout entière.

Tellement le sort l'a fait naître
Machine de férocité
Que l'aveugle voracité
Est le seul ressort de son être.

LE BROCHET.

Or, avec ses dents d'un bon pouce,
Et démesurément râblé,
Ce brochet-ci n'a pas volé
Son surnom de requin d'eau douce.

Si creuse et fendue est sa gueule,
Toujours docile à ses complots,
Qu'une brème de trois kilos
Y rentrerait bien toute seule.

Son museau qu'il dresse à l'embûche,
Espèce de lance-poignard,
S'exagère en bec d'un canard
Qui serait plus gros qu'une autruche.

Sa peau n'est pas moins monstrueuse,
Montrant sur les flancs et le dos
Des tons d'écorce, de métaux,
De pierre simple et précieuse.

LA NATURE.

La lutte, l'onde, les années
L'ont métamorphosée en cuir
Dont le moindre éclat fait s'enfuir
Les plus gros poissons en tournées.

Le triangle arqué de sa queue,
En forme d'immense éventail,
Est encore un épouvantail
Qu'ils aperçoivent d'une lieue.

C'est comme une yole vivante
Qui nagerait entre deux eaux,
Aussi souple que les roseaux
Ou rigide en restant mouvante.

Sa longueur plus que singulière
Surprend ! on en reculerait,
Lorsqu'à l'aube il vous apparait
Au grand carreau de la rivière.

LE BROCHET.

Car on se dit, l'âme saisie,
Que cette barque-soliveau
A des yeux, un ventre, un cerveau,
Une gueule et des dents de scie.

On redoute, quand le soir tombe,
De voir ce nageur de la mort
Où, si l'on chavirait du bord,
On pourrait bien trouver sa tombe.

Cela qui vient flotte et s'arrête
C'est lui ! sur le noir de cette eau,
Guettant vague, semblant plutôt
Une grande ombre qu'une bête.

Les poissons toujours en alarmes
Savent-ils son palais entier,
Sa langue et jusqu'à son gosier
Hérissés de terribles armes ?

C'est à croire à leur méfiance
Pour dormir et se diriger :
Leur flair soupçonneux du danger
En vaut presque la conscience.

Donc, tous se sauvent, mais qu'importe !
Malgré son âge et sa grosseur
A fleur d'eau, comme en épaisseur,
C'est sa vitesse qui l'emporte !

D'ailleurs, fréquemment, il arrive
Qu'il s'envase comme un long roc,
Ou qu'il se love, tout d'un bloc,
Dans un sous-terre de la rive.

Dans l'herbe il simule une poutre,
Quelque vieux tronc d'arbre échoué :
Et son tour est si bien joué
Que, maintes fois, il prend la loutre.

LE BROCHET.

Et puis, du diable ! s'il ignore
La place où trouver son butin,
Celui du soir ou du matin
Des ténèbres ou de l'aurore !

Il sait la carpe casanière
Mais cabriolant sur ses creux ;
Les chevennes aventureux
S'égarant loin de leur tanière ;

Que le barbeau vire, farfouille,
Suit le gardon sur le gravier,
Et que l'anguille a son quartier
Aux environs de la grenouille.

En pleine onde ou de son repaire
Son petit œil de carnassier
Darde fixe un regard d'acier
Comme celui de la vipère.

LA NATURE.

En tel coin, son élan rapace
Semble enfermé dans un étui :
Toujours seul, étant toujours fui,
Il manquerait encor d'espace.

Il va rampant d'un bord à l'autre,
Ce n'est qu'au milieu, dans le vif
Du courant compact et massif
Que son amplitude se vautre.

Là, comme un vautour dans le vide,
Il file ! son train libre et fou
Taraude et mange le bloc mou
Du vitreux élément perfide.

Bien que sa taille de deux aunes
Lui soit souvent un embarras,
Il va tout battre : limons gras,
Les dormants pierreux, et les crânes.

LE BROCHET.

Il guette aux racines de l'arbre,
Quitte la vase pour les joncs,
Ou remonte après ses plongeons
Dans les nénuphars jaune-marbre.

Du plus loin que son flair le sente
Il fonce droit sur le fuyard,
Plus prompt qu'un rapide en retard
Et qui se presse à la descente.

Quant au fretin, véron, ablette
Qu'il avale sans s'en douter,
Il hésite à se projeter
Pour cette bouchée incomplète.

Les poissons moyens, il les happe !
Et les malheureux éperdus
Dans ses boyaux sont descendus
Tout aussitôt qu'il les attrape.

LA NATURE.

Pour les gros la torture est pire :
Dans son étau moite et profond
Il les tord, les pétrit, les fond,
Et comme un boa les aspire.

Mais, c'est toujours la belle perche
Qui fait ses régals souverains ;
Le rasoir tranchant de ses reins
N'empêche pas qu'il la recherche.

L'hiver, son carnage tenace
Se poursuit clos, silencieux,
Dans ces fonds plus mystérieux
Sous leur couverture de glace.

Le monstre peut tout se permettre
Dans cette rivière bourbier,
Avec ses nageoires d'un pied
Et sa gueule d'un demi-mètre.

LE BROCHET.

S'il pouvait faire volte-face,
Hors de l'eau bondir tout à coup,
Il aurait vite absorbé tout :
Le jeûne tuerait cette masse.

Tel quel, il dépeuple quand même
La rivière de ses poissons,
Et les bords de leurs limaçons,
Quand sa fringale est trop extrême.

Tous les aquatiques, cigogne,
Rat, couleuvre, font ses repas.
Les chiens morts ? il ne manque pas
D'en décarcasser la charogne.

Chaque fois que sur l'onde obscure
Un noyé passe dans la nuit
Il s'en va dépouillé par lui
De son ventre ou de sa figure.

Le prendre ? il est bien trop fantôme
Pour le fusil et le harpon !
Et quel tramail barrerait donc
L'ubiquité de son royaume ?

Il taille, broie, ouvre, dépèce,
Triture, engloutit ses sujets :
Il a mangé tous les brochets,
Et reste seul de son espèce !

Il règne. C'est l'ogre despote,
Le bourreau gouffre et massacrant,
Le gigantesque dévorant
Dans son eau jaune qui clapote.

LA GROSSE ANGUILLE

La grosse anguille est dans sa phase
Torpide : le soleil s'embrase.
Au fond de l'onde qui s'épand,
Huileuse et chaude, elle se case
A la manière du serpent :
Repliée en anse de vase,
En forme de 8, en turban,
En S, en Z : cela dépend
Des caprices de son extase.

Vers le soir, se désembourbant,
Dans son aquatique gymnase
Elle joue, elle va grimpant
De roche en roche, ou se suspend
Aux grandes herbes qu'elle écrase.
 La grosse anguille.

L'air fraîchit, la lune se gaze ;
Moitié nageant, moitié rampant,
Alors elle chasse, elle rase
Sable, gravier, caillou coupant...
Gare à vous, goujonneau pimpant !
Gentil véron, couleur topaze !
Voici l'ogresse de la vase.
 La grosse anguille !

LES CHATS-HUANTS

Au fond des campagnes sévères :
— Champs ravinés, marais gluants,
Bois pierreux, carrefours, calvaires, —
Voici geindre les chats-huants.

Mais c'est une plainte peureuse,
D'un éclat profond, bref et mou...
Comme un tout petit miaou
Qui s'enveloppe et qui se creuse.

LA NATURE.

Leur concert de sanglots malins
D'ordinaire autrement résonne :
Ce soir, le silence en frissonne,
Car chacun des oiseaux félins,

Pour crier le mauvais augure,
Reste invisiblement caché
Dans son petit chêne ébranché,
De fantomatique figure.

Si bien qu'en ce lugubre lieu,
Parmi ces rocs dont peu à peu
Blêmissent les couleurs de marbre,

A cette heure, sous ce ciel bas,
On s'imagine, à chaque pas,
Entendre miauler un arbre.

LE COUCOU

Lorsque s'est accompli le temps des hivernages,
Sitôt que le soleil ôte son masque blanc
Et que l'azur du ciel, enfin se détroublant
Recommence à noyer ses îles de nuages ;

Quand revient la grenouille au lavoir limoneux,
Lorsqu'en sa cavité rocheuse qui l'embloque
La vipère interrompt son dormant soliloque
Pour soulever sa tête et desserrer ses nœuds ;

Alors, près d'un manoir que ronce ou lierre enlace
Et dont les revenants sont les seuls châtelains,
Aux abords des marais et des pauvres moulins
S'élève un cri d'oiseau rôdant de place en place.

Coucou! Tel est ce cri doux et rauque à la fois
Qui, malgré sa tristesse infiniment profonde,
Mêle aux bruissements de la terre et de l'onde
Quelque chose d'amer, d'hostile et de narquois.

Un mort ressuscitant, et du fond de sa bière
Voulant mystifier par un appel plaisant,
Dirait : Coucou! sans doute, avec le même accent,
En le syllabisant de la même manière.

Cette plainte, partout, vous devance et vous suit,
Sous les arbres trapus, au long du buisson grêle,
Partout, c'est la parole errante qui vous hèle,
Jusqu'à l'heure livide où la clarté s'enfuit.

LE COUCOU.

Dans les endroits déserts, tout le temps qu'elle dure,
Une espèce d'horreur charge le Renouveau.
La fraîcheur des ravins sent toujours le caveau.
On ne sait quelle brume assombrit la verdure.

Il semble que ce mot goguenard et chagrin
Par son ressassement soit de mauvais présage :
Les choses n'auraient pas cet étrange visage
Sans l'ensorcellement de ce maudit refrain.

Vainement, la colline étale sa chaumière,
Ses groupes inclinés de bœufs et de moutons,
Ses nappes, ses damiers, ses blocs et ses festons
Sur des horizons purs imbibés de lumière.

Une atmosphère morne encadre ce tableau,
Et, sous le vent peureux glissant de droite à gauche,
C'est d'un air accablé que le feuillage ébauche
Quelques frissons pareils aux plissements de l'eau.

Pourtant le bon soleil qui réchauffe les pierres
Allume au bout des fleurs l'insecte de saphir,
Les parfums des forêts chevauchent le zéphir,
Et tout ce qui dormait rentr'ouvre ses paupières;

Mais quand même, malgré sa résurrection,
La Nature subit l'apostrophe mauvaise,
Et la contagion vague de son malaise
Vous mord comme une sourde et lente obsession.

Coucou ! Coucou ! Cela jette un froid dans l'espace ;
Le vaste paysage inerte sous les cieux
Prend un aspect surpris, écouteur, anxieux,
Chaque fois que dans l'air cela passe et repasse.

Pâtres et laboureurs sentent ramper en eux
La louche impression de ce cri solitaire
Qui, fantastiquement, avec tant de mystère,
Résonne comme un bruit souterrain ou ligneux.

LE COUCOU.

On dirait qu'il dégage un sentiment d'automne
Autour des prés, des bois, des roches, des étangs,
Et qu'il cherche à railler la fête du printemps
Avec son ironie obscure et monotone.

Ainsi, de jour en jour, durant les plus beaux mois,
S'inquiète et languit la verte solitude,
Attendant pour songer dans la béatitude
Le premier coup de faux qui coupe cette voix.

Mais, d'ici là, ses nuits douces par excellence,
L'indemnisent un peu de son diurne ennui,
Car, elles font parler, dès que la lune a lui,
Le divin rossignol enchanteur du silence.

LES PETITS ENDORMIS

En face d'un grand nénuphar,
Près d'un étang perdu qui vaguement moutonne,
Le petit pauvre et le petit lézard
Ont été si grisés par la chaleur d'automne
Qu'ils prolongeat encor leur sieste monotone ;
Et, pourtant, l'air fraichit, le ciel devient blafard.
Puis le temps change, à grands coups sourds il tonne !
Sans mouvement et sans regard,
Tous deux ne bougent pas ! Le hibou s'en étonne :
D'où vient qu'ils restent là, par l'orage et si tard ?

LES PETITS ENDORMIS.

C'est qu'ayant bien voulu que chacun prit sa part
Du bon soleil si cher à quiconque frissonne,
  Maternellement, comme une madone,
La Mort, au même instant, sur ce talus hagard
A touché du sommeil dont ne revient personne
Ces mignonnets frileux, réunis par hasard,
  Le petit pauvre et le petit lézard.

LE GRILLON

Noir et couleur corne de cerf,
N'ayant corselet ni charnière,
Sans taille, mais dans sa manière
Joli, plein de grâce et de nerf;

Le derrière en pointe — une tête
De moyenne épingle de jais;
Bien jambé pour tous ses trajets
De carnassier et de poëte;

LE GRILLON.

Tel se manifeste parfois
Aux yeux penchés sur la nature,
Par monts, par vaux, à l'aventure,
Le grillon des champs et des bois.

Pour son pauvre frère de l'âtre
La geôle humaine des maisons,
Le croupissement des tisons,
L'horreur de la suie et du plâtre !

Mais pour lui, l'espace animé
Par le frissonnement des choses,
Les cieux pommelés, bleus et roses,
La terre en fleurs, le vent pâmé !

D'indépendance il se régale,
Et sa mystériosité
Esquive la société
De sa grande sœur la cigale.

Il a pour compagne d'ennui
Sa chanson aigre et monotone
Qu'il dit du printemps à l'automne
Au gîte, au dehors, jour et nuit.

Des mois entiers il vous harcèle
Avec son menu grincement
Semblant venir d'un instrument
Moitié râpe et moitié crécelle.

Lorsque sous le cuisant midi,
Par les vallons, ravins et plaines,
Le vent brûlé n'a plus d'haleines,
Au milieu de l'air engourdi,

Il se fait une somnolence
Dans le paysage abattu,
Cependant que ce bruit têtu
S'acharne à limer le silence.

LE GRILLON.

Dès la saison froide qu'il craint
Le grillon s'enfonce et se visse
En son caveau dont l'orifice
Bâille, oblique, à fleur du terrain.

Là, comme les morts sous leur pierre
Comme les vers et les crapauds,
Il dort... mais adieu le repos,
Quand revient la grande lumière !

Hors de son ténébreux manoir
Un instant, il se déconcerte
Avant d'entrer dans l'herbe verte
Le petit solitaire noir.

Car sa prudence est très maligne :
C'est par elle qu'il se défend
Contre l'embûche de l'enfant
Et du vieux pêcheur à la ligne.

Allons! il saura bien tourner
Les gros dangers qu'il appréhende!
Et par le taillis et la brande
Il se hasarde à cheminer.

La température l'invite
A marcher d'un pas d'escargot,
Mais il surveille une margot
Qui se rapproche un peu trop vite.

Comme il observe et qu'il connait
Les manœuvres de la vipère.
Soupçonneusement il opère
Son inspection du genêt.

Passe un chat à la griffe acerbe.
Qu'importe! il a pour se cacher
La complicité du rocher
Et la maternité de l'herbe!

LE GRILLON.

Il se dissimule à demi
Devant l'aveugle courtilière,
Evite la fourmilière
Autant qu'il cherche la fourmi.

Il regarde, auprès des bergères
Dont il rase les sabots plats,
Du bran de scie et des éclats
De vieilles souches bocagères.

Et bon ou mauvais champignon,
Selon les pays qu'il traverse,
Lui sert d'abri contre l'averse,
Et d'observatoire mignon.

Sur ce talus au gazon grêle
Il rencontrera par hasard
Le glissotement d'un lézard
Ou le bond d'une sauterelle;

Puis, tel fossé prête au grillon
Sa cachette fraiche et fidèle
Sans l'indiscret frôlement d'aile
De la mouche et du papillon.

Les vieux parcs où la clématite
Grimpe aux arbres comme elle veut ;
L'ornière où se rend, dès qu'il pleut,
La grenouille toute petite ;

Quelque sauvage escarpement,
Une fondrière, une berge
Toujours tranquille, souvent vierge
Du passage et du broutement ;

Les bords des grottes et des sources,
Le monticule d'une croix...
Autant de sites et d'endroits
Affectionnés de ses courses.

Il est si chercheur du recoin,
Il a tant cultivé l'étude
Des instants où la solitude
N'a qu'elle-même pour témoin,

Qu'il fait souvent près d'une lieue
Par le chaume, au long du buisson,
Sans voir l'éclair ni le frisson
D'un orvet ou d'un hochequeue.

Mais sa flânerie en éveil
Peu à peu s'oublie, il se grise
Du triple charme de la brise,
De la pénombre et du soleil.

L'inquiétude circonspecte
Déjà beaucoup moins le conduit :
Le rêvassement se produit
Dans cette cervelle d'insecte.

LA NATURE.

Le brin de ver, l'œuf de fourmi
Qu'il a mangés sous la fougère,
En ce moment il les digère,
Stupéfié, presque endormi.

Près d'une fontaine qui cause
Ou d'une mare qui se plaint,
Inerte, il savoure à son plein
Sa petite extase morose.

Et quand la pourpre des couchants
S'étend, comme une tache d'huile,
Du haut de l'horizon tranquille
Aux profondeurs vagues des champs,

Le grillon se réveille, bouge,
Reprend son bruit de serrurier...
Et s'achemine à son terrier
A travers la campagne rouge.

LES DEUX ORVETS

Un soir de mai, j'errais par des pays boisés,
Près de hauts buissons blancs pleins d'arome et d'extase,
Quand je vis deux orvets, tordus sur l'herbe rase
    Et qui semblaient entre-croisés.

Se pinçant à mi-corps de leur petite gueule,
L'un l'autre ils s'aspiraient dans ce mordillement,
Figés d'ivresse, au bord du vieux chemin dormant
    Que déjà l'ombre éclairait seule.

Tableau de volupté! mais d'un mystérieux,
D'un vague, d'un perdu, tel que jamais les yeux
  N'en ont surpris à l'improviste !

Ce couple de serpents, à cette heure : c'était
L'emblème de l'amour si profond qu'il se tait.
  Du grand amour sauvage et triste !

LES RÉVÉRENCES

Le vent meurt pour ressusciter
A chaque pause de la pluie :
La végétation s'essuie
Et recommence à s'agiter.

Les hautes masses du feuillage
Ont ce morne balancement
Des bergères d'un très vieil âge
Qui chantonnent mentalement.

Tandis que branches d'arbrisseaux,
Églantiers des murs, joncs, roseaux,
L'herbe et la fleurette frivole,

Refont en plus exagéré
Ce grand salut démesuré
D'une pauvresse ou d'une folle.

GLAS DU SOIR

Des glas ont suivi l'Angélus :
Des jours humains sont révolus !
Sous les cieux voilés d'une taie
Le soleil bas rougit la haie
Et les marécages velus ;
Vers la grande châtaigneraie
Aux patriarches vermoulus,
Tout l'horizon n'est qu'une plaie.

LA NATURE.

Avec des flux et des reflux
Le vent traine par la saulaie
Les gémissements superflus
    Des glas.

Voici dormir, sillons, futaie,
Etangs, rocs, buissons chevelus;
L'homme seul frémit et s'effraie
Dans ces ravins, sur ces talus
Où se mêle au cri de l'orfraie
Le monotone jamais plus
    Des glas!

L'ATTARDÉE

Le beau rire de la bergère
Tintait toujours loin du hameau ;
Pourtant le val était grimaud,
La lune terne et passagère.

Tout s'effarait : herbes, rameau,
Gent aquatique et bocagère.
Le beau rire de la bergère
Tintait toujours loin du hameau.

A certain gars d'humeur légère,
Elle avait dû donner le mot,
Car il devint cri sous l'ormeau
Et long soupir dans la fougère,
Le beau rire de la bergère !

LA MOUCHE

Quand le jour penche à son milieu,
Par l'opaque température
Où caillou, roc, onde et toiture
Semblent réverbérer du feu,
La mouche bourdonne en tout lieu.

Alors zigzague dans l'air bleu
Ce vampire en miniature
Qui lutine et se fait un jeu
D'aller pomper sa nourriture
Sur la chose et la créature.

Elle active la pourriture,
La féconde autant qu'elle peut ;
Et ses jours qui durent si peu
Se dépensent à l'aventure,
Pour la gloire de la Nature.

LA SOURCE

En son recoin mystérieux
Dont l'ajonc hérisse l'approche,
La source filtre de la roche
Comme des pleurs furtifs des yeux,

D'une façon triste, aussi douce,
Avec le même cachement,
Aussi silencieusement
Puisqu'elle goutte sur la mousse.

Sans doute, à brins menus et courts,
Elle serpente bien fluette
Car la terre reste muette
Aux points présumés de son cours.

La pente obscure qui la guide
Retient ses petits filets tors
Pour l'épanouir au dehors
En grains de diamant liquide.

Si grêle au pied du roc songeur
Elle nourrit les touffes d'herbe
Qui montrent constamment superbe
Le vernissé de la fraicheur.

Et l'énorme ronce agressive
Lui doit on ne sait depuis quand
L'intégrité de son piquant
Et de sa belle couleur vive.

LA SOURCE.

Par un de ces lourds soirs d'été
Ensorcelant jusqu'à la pierre,
Et dont la morbide lumière
Revet l'arbre d'étrangeté,

Je vis près de l'humble fontaine
Un vieux mendiant paysan
Sur son bissac se reposant
De quelque marche très lointaine.

Immobile tel qu'un objet
Devant la source minuscule,
En attendant le crépuscule
Pour terminer son long trajet,

Il contemplait la forme ronde
De ces luisantes perles d'eau.
— Enfin, il reprit son fardeau
Dans la même stupeur profonde,

Puis, au creux de sa maigre main,
A deux genoux dans le mystère,
Il but de ces pleurs que la Terre
Versait là comme un être humain.

Et mon souvenir déjà sombre
Revoit d'un œil tendre et mouillé
Ce vieux buvant agenouillé,
Vague, à la Source pleine d'ombre.

LA BÊTE A BON DIEU

La bête à bon Dieu tout en haut
D'une fougère d'émeraude
Ravit mes yeux.... quand aussitôt,
D'en bas une lueur noiraude
Surgit, froide comme un couteau.

C'est une vipère courtaude
Rêvassant par le sentier chaud
Comme le fait sur l'herbe chaude,
    La bête à bon Dieu.

Malgré son venimeux défaut
Et sa démarche qui taraude,
Qui sait? Ce pauvre serpent rôde
Bête à bon Diable ou peu s'en faut :
Pour la mère Nature il vaut
   La bête à bon Dieu.

LE CIEL

Du ciel, océan des sommets.
Ici-bas tombent à jamais
La paix, le trouble et les bienfaits
    Et les désastres.
D'aspect monotone et divers
Il plafonne les univers
Qu'il éclaire, étés comme hivers.
    Avec ses astres.

Avec ses monstres de clarté
Ayant par leur ubiquité
La nette visibilité
 Pour tous les êtres,
Et réglant, à retours certains,
Les midis, les soirs, les matins,
Aussi fatals que les destins,
 Leurs sombres maîtres.

Et tout subit sa faculté
De lumière, d'obscurité,
De froid, de chaud, d'humidité,
 De rutilance ;
Par ses éclairs il éblouit
La cécité du plein minuit,
Et s'il gronde, il fait par son bruit
 Peur au silence.

Peut-être que plus ou moins fort,
Avec aisance, avec effort,

LE CIEL.

Avec nonchalance ou transport
    Le ciel respire :
De là, le vent qui plus ou moins
Bat les cimes, les creux, les coins,
Se cantonne ou sur tous les points
    Met son empire.

Il a des fièvres, des torpeurs,
Des convulsions, des labeurs,
Il est hanté par des stupeurs,
    Et des alarmes,
Et le même jour, comme nous,
Le voit calme et puis en courroux,
Versant après des pleurs bien doux,
    D'horribles larmes.

Selon que ses vapeurs qui sont
L'écume de son bleu profond
Stagnent, se traînent ou s'en vont
    Avec vitesse,

Il infuse à l'immensité
Le songe, la solennité,
Le fantastique, la gaieté
    Ou la tristesse.

Au-dessus des villes, le ciel
Prend des tons de houille et de fiel :
On dirait que ce tas mortel,
    Qui se démène,
Lui souffle avec l'exhalaison
De la rue et de la maison
Tout le spleen et tout le poison
    De l'âme humaine.

Dans les gouffres de la hauteur,
Sans vertige, sans pesanteur,
Vont, magnifiques de lenteur,
    Tout à leur aise,
Les aigles fiers et radieux
Qui, s'ils n'atteignent pas les cieux,

Du moins regardent à pleins yeux
    L'astre de braise.

Il faudrait à nos yeux béants
Leurs regards pour les ciels géants
Des Saharas, des océans
    Et des montagnes.
Mais on peut suivre et détailler
Le cours du ciel particulier
Qui plane intime et familier
    Sur les campagnes.

Voici limitant sa largeur
Ce ciel du piéton voyageur,
Celui du pâtre, du songeur,
    Celui du peintre,
Qui, cerclant l'horizon confus,
Au-dessus des vallons touffus,
Des fonds noirs, des coins entrevus,
    Forme un grand cintre.

L'été, c'est son temps d'arborer
De grands brouillards qu'on voit errer
Tout charbonneux, se déchirer
    Puis se recoudre ;
Alors à la senteur de l'air,
A sa lourdeur, on a le flair
De l'imminence de l'éclair
    Et de la foudre.

Le ciel bout, fermente, il devient
Quinteux, malade pour un rien,
Pour une averse qu'il retient
    Ou qu'il égoutte :
Implacable durant le jour
Il cuit l'espace dans un four
Dont l'horizon fait le contour
    Et lui la voûte.

L'azur aveuglant s'amortit,
Le soleil petit à petit

S'empourpre, coule, s'aplatit
 Et se dilate.
Où l'astre avait tant flamboyé
Flotte une île de sang caillé....
Çà et là, le ciel est noyé
 D'ombre écarlate.

Quelquefois le soleil s'éteint
D'un air furtif et clandestin
Sur un fond à peine distinct,
 Plus que livide,
Si bien que tout le firmament
Est rendu vague en un moment,
Vague indéfinissablement
 Comme le vide.

De même que de certains yeux
Glisse un regard mystérieux.
Souvent se détache des cieux
 Maint feu stellaire

Qui, continuant à flamber,
File par les airs sans tomber
Et qui trouve à se dérober
  Dans la nuit claire.

Le ciel, dès que le vent se plaint,
Paraît gris de fer, gris de lin;
Plus l'automne marche au déclin
  Plus il se bombe,
Donnant aux ravineux pays
Des aspects chagrins, ébahis,
Fantomatiques, recueillis
  Comme la tombe.

La terre en son affreux sommeil
Perd son décor jaune et vermeil
Sous le blême adieu du soleil
  Qui la déserte;
Et toujours plus arqué, plus bas,
Écrasant l'air plein de frimas

LE CIEL.

Le ciel croupit, vitreux amas
    De brume inerte.

Le deuil en suinte, et puis l'effroi...
C'est la neige : un je ne sais quoi
De voltigeant, de blanc, de froid,
    De mortuaire...
Le sol s'en recouvre, et le soir,
Quand la voûte est sombre, on croit voir
Le face à face d'un drap noir
    Et d'un suaire.

Parfois, lorsque le vent du Nord
Siffle sec, aigu, froid et fort,
Se montre un azur presque mort,
    Un bleu qui râle
Plaqué de nuages laineux
Tour à tour clairs, fuligineux,
Et semblant charrier en eux
    Le soleil pâle.

LA NATURE.

Enfin, a lieu l'achèvement
Du végétal pourrissement :
L'arbre guérit tout doucement
    De son massacre.
Déjà le ciel remonte, il est
D'un bleu fumeux, louche, incomplet,
Cendreux, perlé, couleur de lait,
    D'ambre et de nacre.

Mais sitôt que l'herbe a grandi,
Quand le poisson désengourdi
Nage à fleur du remous tiédi,
    Le ciel s'étale
Et resplendit tranquille et pur :
De temps en temps, par son azur
Où le soleil tout à fait sûr
    Se réinstalle,

Des nuages, grands, rabougris,
Roux et mauves, rosâtres, gris,

LE CIEL.

Cuivrés, d'émail, de vert-de-gris,
    D'or et d'hermine,
Vont un à un ou se groupant,
De ce train glisseur et rampant
De l'eau, du spectre, du serpent,
    De la vermine.

Alors, durant ces mois bénis
Des marguerites et des nids,
Le ciel offre des infinis
    De paysage,
Une lente procession
De toute la création,
Depuis l'informe vision
    Jusqu'au visage.

Aux souffles amoureux du vent
La fin du jour vient en rêvant;
Tout à coup, la lune crevant
    Ses derniers voiles

Surgit douce, exhalant son feu
Si mélancoliquement bleu,
Toute seule, ou bien au milieu
    De ses étoiles.

Le rossignol chante l'éclat
Et la langueur de ces nuits-là
Où de la nue au calme plat,
    Comme ardoisée,
Coule un mélange de reflets
Vaguement verts et violets,
D'haleines, de frissons follets
    Et de rosée.

Cependant que par les airs bruns,
Comme des âmes de défunts,
Vers les cieux montent les parfums
    Des eaux, des terres :
Mutuelle exhalation
D'amour, de bénédiction.

Espèce de communion
>De leurs mystères.

Puis les nuages réveillés
De rose et d'or sont habillés,
Car l'aube aux coloris mouillés,
>Leur costumière,
Fleurit tout le ciel qui soudain,
Gaze, velours, moire et satin,
Devient le vaporeux jardin
>De la lumière.

Tel, dans un ordre continu,
Va le cours du ciel inconnu,
Du grand ciel solitaire et nu,
>L'énorme dôme
Indifférent, aveugle et sourd
A ce triste monde si lourd
Que la vie anime et parcourt
>De son fantôme.

LA VISION

Après un jour pesant, dans un site morose
Où le vent, à coups brefs, annonçait son réveil,
Je regardais mourir, par degrés, le soleil...
La nue était alors vaguement bleue et rose.

Solennelle d'aspect, mystique dans sa pose,
Une grande bergère, au long du roc vermeil,
Continuait, pensive, un peu comme en sommeil,
Son tricotage errant jusqu'à l'ombre mi-close.

LA VISION.

M'approchant, je revis les deux couleurs des cieux.
Exactement leur même azur gris dans ses yeux
Et leur même incarnat si pâle sur ses lèvres.

Ce fut de la surprise et presque de l'effroi !
Vraiment, je crus qu'alors surgissait devant moi :
L'Ange du Crépuscule en gardeuse de chèvres.

SOLEIL COUCHANT

Un désert cave et nu, stérile et solitaire,
Habité par l'ennui, le silence et l'effroi :
C'est ce val où toujours un brouillard blême et froid
Descend du ciel autant qu'il monte de la terre.

Or, tombé lentement, ce soir de fin d'Août
Mauvais, lourd, présageant sourdement la tempête
Rend ces fonds plus hideux — la nuit noire s'apprête
Quand le Soleil qui meurt y croule tout à coup.

SOLEIL COUCHANT.

Coulant à flots vermeils de sa voûte de nacre,
Il épand sur l'horreur de ces lieux enterrés
Le nuage écarlate et les marais pourprés
    De l'incendie et du massacre.

Maintenant, tout l'espace entre ciel et ravin
Se cramoisit encore et davantage enfin,
Cerclé d'horizons bruns l'Astre se liquéfie,
Toujours plus loin, plus creux — gouffre rouge qui dort :
En ce moment, pour l'œil, ces parages de Mort
    Ont bu tout le sang de la Vie !

LE CASSEUR DE PIERRES

Par un de ces midis qui barrent toute issue
A la fraîcheur que l'eau souffle à peine à ses bords,
Un de ces jours ardents où, pas même aperçue,
La sauterelle cuit, les jambes sans ressorts...
Quand les oiseaux n'ont plus d'essors
Et que la mouche tient sur la bête pansue,
Il cognait, l'œil brûlé des pourpres et des ors
    Dont l'atmosphère était tissue.
    Voûté sur la pierre moussue,
    Le vieux arrachait ses efforts,
    Crispant ses doigts noueux et tors
    Au manche usé de sa massue.

LE CASSEUR DE PIERRES.

Je garderai toujours en moi comme un remords
    L'impression que j'ai reçue
Lorsque causant tout seul, il gémit : « Sort des sorts!
« Mon existence ! ah oui je la sue et resue.
« Ou qu'est-ce qu'il faut faire alors !...
    « Le travail est une sangsue
    « Qui boit tout le sang de mon corps...
« Quand donc que de ma chair et de mes os bien morts
    « La terre enfin sera bossue !... »

LES MOUTONS

Grimpeurs, vifs malgré l'embonpoint ;
Buissonniers, — dans le paysage
Accrochant leur laine au passage
Et semant leur odeur de suint.

Toison d'un blanc sale, ou bien rousse,
Ou toute noire, — l'œil bombé,
Vitreux, de longs cils embarbé ;
Une humeur que rien ne courrouce,

LES MOUTONS.

Crottes en grains de chapelet
Par monts et par vaux propagées :
— Ovales et brunes dragées
De la pie et du roitelet : —

Cri tendre exprimant tout, la peine,
L'amour, la peur, — cri saisissant
Qui rappelle par son accent
L'enfance de la plainte humaine :

A grands traits, voici présentés
Les pauvres moutons domestiques,
Emblèmes des douceurs mystiques
Et des saintes humilités.

Chacun broute ou plutôt broutoche,
Tant c'est bref, saccadé, menu.
A grelottement continu,
Mécanique, leur museau pioche.

Un bruit ? vite se dépêchant,
A suivre sa piste ils s'attardent ;
Puis, ils reviennent et regardent
A la barrière de leur champ.

Ou bien encore, ils vont se mettre
A lutter : si fort est le choc
De leurs fronts durs comme le roc,
Qu'on l'entendrait d'un kilomètre.

L'été, l'hiver, dans le bonheur
Ou dans l'ennui de la campagne
Leur doux bêlement accompagne
Le berger qui chante en mineur.

Routiers des grands espaces rudes
Et des creux où l'ombre s'endort,
Ils deviennent, par un temps mort,
Le mouvement des solitudes.

LES MOUTONS.

La nature qui, jour et nuit,
Fond leurs couleurs avec ses teintes,
Harmonise encore leurs plaintes
Avec son silence et son bruit.

Ils s'amalgament à leurs hôtes :
Maigres moutons, rocs rabougris
Sous la laine ou le lichen gris
Ont le même aspect sur les côtes.

Le vieux cimetière les voit
Pâturer l'herbe de la tombe ;
Ils visitent le mur qui tombe
Et la citerne au souffle froid.

Tondus ou foisonnant de laine,
Au loin leur brumeux ondoiement
Forme un vermineux grouillement
Sur la montagne et dans la plaine :

En voici paître aux environs
D'une humble rivière qui songe,
Où le reflet du soleil plonge
Sous des zigzags de moucherons ;

L'herbe cuit, les hauteurs sont bleues ;
Les arbres baignent dans l'azur ;
L'horizon si souvent obscur
S'est découvert à plusieurs lieues.

Les agneaux tettent les brebis
Que l'agenouillement délasse ;
La chèvre à l'ombre se prélasse
Entre les béliers ébaubis.

Mais le brusque vent des orages
Rembrunit ce luisant tableau ;
Et les cieux sont couleur de l'eau,
Les moutons couleur des nuages.

LES MOUTONS.

L'éclair brûle, ils vont aveuglés
Par ce tortueux luminaire,
Mêlant aux rumeurs du tonnerre
De grands bêlements désolés.

La pluie éparpille la troupe ;
Ils cherchent longtemps autour d'eux,
Et tout penauds, seuls, deux à deux,
Ou ramassés par petit groupe.

Gagnent les coins pour s'y cacher:
Leur blottissement se recueille,
Ici, s'abritant d'une feuille,
Et là du rebord d'un rocher.

Et saison grise ou saison verte,
Dès qu'il pleut, les retrouve ainsi :
Le col bas, le dos rétréci,
Les yeux mi-clos, la jambe inerte.

Par les jours chauds et quelquefois
Par les temps secs de la froidure,
Quand la terre est sonore et dure,
Sur une route, au long d'un bois.

Au fond d'un chemin de traverse,
Vous entendez derrière vous
Comme un roulement de cailloux
Précipités par une averse...

Ce sont des moutons détalant
Devant le chien qui les rassemble,
En bloc, trottinant tous ensemble,
Pied contre pied, flanc contre flanc.

Ceux des grandes plaines mouillées
Du sol chauve, aplati, géant,
Espèce de terre-océan
Dont les vagues seraient caillées.

LES MOUTONS.

Ceux-là se consument d'ennui
Près du vieux berger qui les garde.
En plein jour, forme aussi hagarde
Que le fantôme en pleine nuit.

A ces moutons l'horrible extase
Et le vertigineux repos !
Pour distraction ? des crapauds !
Et pour litière, de la vase.

Ceux des montagnes, constamment
Grisés d'air pur et de lumière,
Vivent le rêve de la pierre,
De la neige et du firmament.

Leur pâtre dans sa maisonnette
Les oublie, ayant pour tout soin
D'écouter seulement de loin
Tintinnabuler leur sonnette.

S'ils ne trouvent pas d'autres mets
Que de la bruyère qui souffre,
Ils peuvent boire au fond du gouffre
Et ruminer sur les sommets.

Ceux du val ont pris l'humeur triste
A flairer dans le vent des bois
L'odeur du loup, spectre sournois
Qui vient toujours à l'improviste.

L'été les fait toujours joyeux,
Satisfaits, mutins, sans alarmes :
Leurs silhouettes sont des charmes
Où qu'elles surgissent aux yeux ;

Mais leur rencontre vous étonne
Vous saisit dans un lieu perdu,
Sous le ciel tout d'ombre tendu
Certaines nuits de fin d'automne :

LES MOUTONS.

Alors, l'effet d'un bêlement
Ou d'une toison ténébreuse
Est subi par l'âme peureuse
Presque surnaturellement.

Leur présence en telle contrée
Près d'un étang, d'un carrefour,
Dégage un fantastique sourd,
Comme une vague horreur sacrée.

Et monotone va leur sort :
Reconsidérer la nature,
Y reprendre marche et pâture
Y rebêler jusqu'à la mort.

Hélas ! savent-ils qu'ils se leurrent
En se disant qu'ils mourront bien
De vieillesse, comme le chien ?
Mystère ! mais souvent ils pleurent.

Ils ont des larmes dans la voix
Comme ils en ont sur les paupières :
Le soir, au bord des fondrières,
On les surprend plus d'une fois,

Ecrasés par leur songerie,
Confondus, béants, semblant voir
Le coutelas de l'abattoir
Et l'étal de la boucherie.

LE VISITEUR

Encore là se repelotonne
Ce crapaud ! L'étrange animal !..
Sa façon d'agir me fait mal
Au moins autant qu'elle m'étonne.

Plutôt que de se laisser croître
Dans quelque désert d'escargots
Où battraient à coups bien égaux
Ses deux flancs et son petit goitre.

Plutôt que de hanter l'ortie,
La citerne ou l'herbage épais,
Et de s'y vautrer dans la paix
De la bonne extase aplatie,

Au lieu de vaguer à la nage
Sur des marais pleins de poisons,
Ce pauvret cherche les maisons
Dont il aime le voisinage.

Et ne vous imaginez point
Qu'en lui faisant peur, il s'éloigne...
Non ! on dirait qu'il a besoin
De ce dégoût qu'on lui témoigne.

On a beau le chasser, toujours on le rencontre !
   A la même heure, il se remontre,
   Spectre têtu sur le chemin.

Elle se saurait donc, la triste créature
    Moins répugnante à l'être humain
    Qu'indifférente à la nature.

AU JARDIN

De la pensée à la rose,
Du chèvrefeuille au lilas,
Court l'insecte jamais las.
Il vit, ni gai, ni morose,
En ses jours neutres et plats
L'existence d'une chose,
Sans désirs et sans hélas,
Au milieu des falbalas
De la fleur nouvelle éclose.

AU JARDIN.

Il ignore qu'il se pose
Sur un velours du trépas
Quand il pompe les appas
    De la pensée.

Inconscient de sa cause,
De son vol ou de ses pas,
Il ne se dit pas tout bas,
Brusquement, dans une pause :
Que la nature ici-bas
Détruit ce qu'elle compose !...
Ou du moins, je le suppose...
Car, pourquoi n'aurait-il pas
Autant que moi la névrose
    De la pensée ?

LES VIELLES SOUCHES

Sur les vieilles souches qui sont
Le décor moussu de la rive,
La rafale d'automne arrive,
Et voici déjà qu'elles ont
La figure rébarbative
Et sinistre d'une prison,
Car leur société s'esquive
Ou languit dès cette saison.
Plus de libellule furtive
A la bourdonnante chanson!

LES VIEILLES SOUCHES.

Plus de vol d'oiseau qui décrive
De beaux zigzags ! pas un soupçon,
Pas une ombre de hérisson !
Adieu l'éclair et le frisson
Du grand lézard couleur d'olive !
Elle aussi devient fugitive
L'onduleuse bête à poison ;
La cigale toujours moins vive
Prépare sa terminaison ;
La chenille rampe chétive,
Et les cornes du limaçon
Se renfoncent dans sa maison.
La voix du vent plus convulsive
Parcourt son sifflant diapason ;
Il pleut et repleut à foison.
La rivière coule massive,
Roulant comme une eau de lessive
Par-dessus ses bords de gazon.
Et puis, neige, glace et glaçon !
Il faut que le canard se prive
D'aller à l'affût du poisson
   Sur les vieilles souches.

Mais le trille aigu du pinson
Succède au râle de la grive;
Les cieux, les eaux, l'air, l'horizon,
S'éclaircissent à l'unisson.
La végétation s'active ;
La terre attend sa floraison
Mi-souriante, mi-pensive,
Et les grenouilles de buisson
Reviennent s'asseoir sans façon
   Sur les vieilles souches.

LA VASE

Au printemps, regardant la vase
Dans ses vifs, ses croupissements,
Ses coins, ses creux, ses renflements,
L'observateur est en extase.

Parmi ses bruns roux violets,
Entre les branchages qui feuillent,
Les yeux se promènent et cueillent
Des chatoiements et des reflets.

LA NATURE.

Elle, l'hiver, d'un noir si sombre,
D'un humide sentant la mort,
Elle reluit tiède : il en sort
Une odeur de soleil et d'ombre.

On voit fermenter ses dessous
A travers ses couleurs opaques,
Des formes bougent dans ses flaques,
Des germes couvent dans ses trous.

La Nature encore dans le rêve,
Mais qui bientôt va s'éveiller,
La fait sourdement travailler
Par le renouveau de la sève.

Sous formes de mouches qui sont
Bourdonnantes, silencieuses,
L'essaim des pierres précieuses
Y met un voltigeant frisson.

LA VASE.

Les petits papillons fidèles
Aux abords du roseau mouvant
Viennent la festonner souvent
De leurs muets battements d'ailes.

L'herbe y tremble au hasard flottant
Du vent perdu qui la rencontre ;
Un grillon moitié cliquetant
Y fait tic tac comme une montre.

Elle offre toujours au regard
Le glissement plat du lézard,
Le saut pieds-joints du hochequeue ;

Et maintes fois, plein de langueur,
Le souvenir y montre au cœur
Sa fleur mélancolique et bleue.

LE FOND DE L'EAU

Il fait une journée ardente,
Mais, sans lourdeur, torride à point :
Tout flambe, sommet, creux, recoin,
Dans une lumière fondante.

Déjà claire par elle-même,
Fourbie encore par un tel feu,
La rivière, sous le ciel bleu,
Est d'une transparence extrême.

LE FOND DE L'EAU.

Mais c'est surtout à cette place
Qu'entre ses bords sans arbrisseaux,
Dépourvus même de roseaux,
Elle forme une immense glace.

Pour l'anguille vorace et fourbe
Là, nul repaire où se cacher!
C'est aussi net que du rocher,
Sans une apparence de bourbe.

Elle est tellement diaphane
La masse d'eau de ce profond
Que l'œil, en détaillant le fond,
Lumineusement s'y pavane.

Son lit s'étale, trembleux, lisse,
Montrant les scintillants micas
De ses beaux galets délicats
Où, trébuchant, le regard glisse.

LA NATURE.

Ces cailloux dont la vue égaie,
Plats ou bombés, ovales, ronds,
Figurent billes, macarons,
Gros sous et petite monnaie.

Miniature poissonnesque,
Les vérons, topazes des eaux,
Brillent : ceux-ci mignons fuseaux,
Et ceux-là filiformes presque.

On suit leur allure petiote
En vitesse comme en lenteur;
On voit le mouvement téteur
De leur bouchette qui baillotte.

Soudain, on reconnaît la truite
Aux taches roses de sa peau
A l'instant même où leur troupeau
Devant son éclair prend la fuite.

LE FOND DE L'EAU.

Entre deux carpes solennelles
Un gardon passe, corps d'argent
Dont les membranes vont nageant,
Rouges vif comme les prunelles.

Le soir vient gazer l'atmosphère...
Mais voici du gravier poli
Visible sous l'eau sans un pli
Comme un plancher gris sous du verre.

Toujours queue et flanc, tête et râble
Des jolis goujons gracieux
Restent en relief pour les yeux
Sur ce fin dallage de sable.

Les ors, les irisés, les moires
Des écailles, jusqu'aux nageoires,
Jusqu'aux moustaches du museau

Luisent! sur ces miettes de roche
On les voit droits comme en biseau
Suivant que chacun rôde ou pioche.

Mais, par degrés, l'ombre s'allonge,
Et, dans un silence enchanté,
Revêt de sa lividité
Toute la campagne qui songe.

Puis, après le rêve, le somme
Prend les choses, l'onde s'enduit
Du grand mystère de la nuit
Impénétrable à l'œil de l'homme.

LA BERGÈRE

Elle a déjoué le soupçon.
Quant à son terme, nul indice...
Mais, par ces jours de fenaison,

Il lui faut barrière et cloison :
Cette solitude est propice
A la grossesse de Lison.

Dans une molle inclinaison,
Groupés au flanc d'un précipice,
Vont d'un train de colimaçon

Moutons, chèvres, boucs et grison ;
Et la lumière à son caprice
Court du pelage à la toison.

Pas une feuille en tremblaison,
Tant le vent qui se rapetisse
Flotte et s'abat sur le gazon !

Et la mouche épand ses zon-zon,
Le torrent sa rumeur qui glisse,
Les menthes leur exhalaison.

Tout en tricotant son chausson,
Elle, à côté de la génisse,
Songe et pleure dans un buisson :

« Son honneur ! simple et sans façon,
Elle en bénit le sacrifice,
Puisque c'était pour ce garçon

LA BERGÈRE.

Dont la mort fit la trahison !
La tendresse fut tout leur vice :
Elle consomma leur liaison

Sous la lune un soir de moisson ;
Son deuil la brûle sans qu'il puisse
Adoucir jamais sa cuisson. »

Soudain, dans ce val en prison
Où la broussaille se hérisse,
Sous le ciel, devant l'horizon.

Elle accouche au chant du pinson.
C'est un petiot ! Lise, au supplice,
D'une voix qui n'a plus de son

S'accuse, l'âme en pâmoison,
De n'être pas encor nourrice :
Du moins, qu'elle ait le cher suçon.

L'adorable démangeaison
Que le Jésus tout en malice
Veut déjà faire à son téton !

Il en a du nerf et du ton
Pour que de la sorte il vagisse !
Mais elle calme l'avorton.

Touche avec des mains de coton
Ce corps fragile qui se plisse
Rondelet comme un peloton

Et montrant fossette au menton.
Elle admire sa tête lisse,
Menottes et museau glouton.

Nunu, cuissolette et peton :
Il faut que son regard s'emplisse
De tout son petit rejeton !

LA BERGÈRE.

Et sous le verdoyant feston,
Ils sont là, figés en délice,
La bergère et son mignoton.

Couvés par le vieux chien Pluton
Dardant mainte œillade en coulisse
Vers la chevrette et le mouton.

Pas de langes : sa coiffe et son
Petit tablier font l'office.
L'enfant s'endort à sa chanson.

« Oh ! n'avoir qu'un même frisson
Pour tous deux, qu'une chair complice,
Respirer, vivre à l'unisson !

Tant de bonheur en floraison
Vaut la peine qu'elle pâtisse
D'ailleurs, c'est la belle saison ;

Elle ira, si toutefois on
Ne veut pas la prendre en service,
Mendier avec son nourrisson.

Elle aura du mal à foison :
Eh qu'importe ! qu'on la bannisse
A tout jamais de la maison.

Qu'on la craigne comme un poison.
Qu'on la batte, qu'on la maudisse.
Son cœur lui dit qu'elle a raison !
— Et le bon Dieu fera justice. »

LA JUMENT AVEUGLE

Avec l'oreille et les naseaux
Y voyant presque à sa manière,
La vieille aveugle poulinière
Paissait l'herbe au long des roseaux.

Elle devait s'inquiéter
Lorsque sa pouliche follette
S'égarait un instant seulette,
Car elle cessait de brouter.

Un hennissement sorti d'elle,
Comme un reproche plein d'émoi,
Semblant crier à l'infidèle :
« Reviens donc vite auprès de moi! »

Parfois même en son désir tendre
De la sentir et de l'entendre,
Elle venait à pas tremblants.

Lui lécher l'épaule et la tête,
Tandis que dans ses gros yeux blancs
Pleurait sa bonne âme de bête !

EFFET DE PLUIE

Cette fois la campagne endure
Un printemps torpide et fiévreux :
L'eau s'aplatit, la terre est dure,
L'atmosphère et l'arbre poudreux,
Sans le plus petit souffle entre eux.
Restent figés dans leur soudure.

Or, depuis le peu qu'elle dure,
La pluie a déjà dans les creux
Rendu plus frais, moins malheureux

Tel paysage de verdure
Dont des escarpements lépreux
Sont la fantastique bordure.

On a les yeux émerveillés
Par l'éclat de ces tons mouillés.
A croire, tant ils sont superbes,
Si totalement déternis,
Que le ciel pleure du vernis
Sur le feuillage et sur les herbes.

NUIT MYSTIQUE

La vallée apparaît sous un ciel sans nuages,
Illuminé si pur par ses astres si frais
Qu'il découvre les quatre horizons, et, de près,
Remplit d'azur lacté les vides du feuillage.

Les brises de velours s'embaument tout exprès
Pour fêter cette nuit qui les met en voyage,
Et la lueur d'en haut vogue sur le marais
En laissant derrière elle un vaporeux sillage.

Très distincte là bas, tant l'espace est serein,
Sur un mur se profile une chouette, en train
De se polir le bec et de hocher la queue.

Je songe, et recueilli jusqu'à la piété
Je regarde dormir pleine de sainteté
La lune blanche avec son auréole bleue.

LA TAUPE

La taupe a ressenti la haine
Du soleil qui cuit l'arbrisseau,
Mord le roc, pompe le ruisseau
Combien pitoyable se traine
Sa nuit d'aveugle souterraine !

Pleine de faim, elle surmène
Sa dent, son groin de pourceau,
Ses mains, ses pieds à forme humaine,
    La taupe !

Mais elle jeûne, sans l'aubaine
D'un cloporte ou d'un vermisseau ;
Et la mort va prendre à la peine,
Sous son pauvre petit monceau,
La fouilleuse couleur d'ébène,

  La taupe !

AU CRÉPUSCULE

Le soir, couleur cendre et corbeau,
Verse au ravin qui s'extasie
Sa solennelle poésie
Et son fantastique si beau.

Soudain, sur l'eau morte et moisie
S'allume, comme un grand flambeau
Qui se lève sur un tombeau,
La lune énorme et cramoisie.

Et, tandis que dans l'air sanglant,
Tout sort de l'ombre : moulin blanc,
Pont jauni, verte chènevière,

On voit entre les nénuphars
Moitié rouges, moitié blafards,
Flotter l'âme de la rivière.

CHALEUR EN MER

L'immensité sort de la brume
Où la plongeait l'orage obscur,
Et l'astre jaune, dans l'azur
Pesant et morne, se rallume.

La torride épaisseur de l'air
Étouffe et calcine l'espace ;
Graduellement se ramasse
La tranquillité de la mer.

C'est d'abord une paix qui flotte,
Qui vacille, monte et descend.
Et puis le repos croupissant
Que pas un souffle ne ballotte.

Ces grands bruits, qui semblaient roulés
Par mille et mille cataractes,
Sont rentrés dans les eaux compactes
Avec tous les flots écroulés.

La masse liquide s'écrase ;
Son dos, éblouissamment bleu,
Pompant et renvoyant du feu,
De plus en plus luit et s'embrase.

Et la mer, par son flamboiement,
Par sa couleur et son silence,
Devient l'exacte ressemblance
Et le double du firmament.

CHALEUR EN MER

On dirait que l'énorme voûte
Se renverse avec son soleil,
Tant, alors, l'abîme en sommeil,
Nettement la réfléchit toute !

Mais, c'est un calme décevant
Fait par un mensonge du vent :
Et si des pêcheurs se hasardent,

Ils mourront, pour avoir compté
Sur la plate sérénité
De ces deux ciels qui se regardent !

LA COULEUR DU TEMPS

Ainsi qu'il vernit les feuillages,
L'azur illumine l'esprit
Qui reste clair ou s'assombrit
A la volonté des nuages.

L'arbre au froid paraît en souci
Comme à la chaleur il se pâme :
L'homme, végétation d'âme,
A besoin de soleil aussi.

LA COULEUR DU TEMPS.

Pour lui, l'Air est joie ou souffrance,
Allégement ou bien fardeau,
Il ouvre ou ferme le rideau
Devant l'œil de son espérance.

La Conscience a son désert
Où croît la ronce des alarmes,
Où le rentré des vieilles larmes
Nourrit son suintement amer.

C'est là, dans cette solitude
Du si misérable être humain,
Qu'un rayon trouvant son chemin
Apporte un peu de quiétude.

Autre le jour, autre la nuit.
Ainsi que tout dans la nature,
On est à la température
Ce que les échos sont au bruit.

LA NATURE.

L'idée indécise qui vague,
La neige la fixe en regret ;
L'orage ourdit l'effroi secret
D'une chose horrible, très vague.

Tandis que la lune ayant lui
Entre les buissons blancs et roses,
Le Zéphyr donne aux plus moroses
L'engourdissement de l'ennui.

Les rafales de la bruine
Arrivent à tant vous navrer
Qu'on croit les entendre pleurer
Autour de sa propre ruine.

Le vent sec qui traîne en longueur
Réveille en vous l'atrabilaire,
La bise insuffle la colère
Et le sarcasme au fond du cœur.

LA COULEUR DU TEMPS.

La réflexion renfrognée
S'arrête par le brouillard gris :
Tout son travail est comme pris
Dans une toile d'araignée.

Le froid suggère le cercueil.
Un temps mort remet en mémoire
La lente procession noire,
Si plaintive des jours de deuil.

Enfin l'abominable pluie
Aux fils pesants, tièdes et droits,
Emplit le sentiment de poix
Et l'intelligence de suie.

Contre cette fatalité
On a beau dire, on a beau faire,
L'état changeant de l'atmosphère
Par le nôtre est répercuté.

LA NATURE.

Tour à tour, l'âme influencée
Se calme ou mâche son fiel,
Et toujours couleur du ciel
Fait la couleur de la Pensée.

LE LABOUREUR

Agonisant d'un mal qui traine
Et temporise avec la mort,
L'homme est venu s'asseoir encor
Sous les branchages du grand chêne.

Soudain, spectral, il se relève
Et vient trouver dans leur purin
Ses deux vieux bœufs Brun et Morin
Qui le regardent comme en rêve.

Entre ces frères de charrue
Toute sa jeunesse apparue
Un instant le console un peu :

Puis, des pleurs baignent ses yeux mornes,
Et, tandis qu'il leur dit adieu,
Ses doigts les grattent près des cornes.

LE FROID

Déjà rude sans une haleine,
L'air fait presque claquer des dents.
Sa torpeur même a des mordants
Jusqu'en les recoins de la plaine.

La peau gerce, le sang travaille
Le bout des oreilles, des mains ;
Pourtant, on va par les chemins
Sans rien perdre encor de sa taille.

Mais comme l'on se recoquille,
Comme on rapetisse, aussitôt
Que la bise pince en étau,
Cingle en fouet, picote en aiguille !

Tortueusement dans l'espace
Elle se rue, et, d'un seul coup,
De haut en bas, autour, partout,
Elle vous prend et vous enlace.

Et, tandis que le pas résonne
Sur le sol dur comme du fer,
L'âme elle-même sous la chair
Se recroqueville et frissonne.

L'imagination tassée
Autant que la face pâtit :
Dans tout l'être qui s'aplatit
Va se renforçant la pensée.

LE FROID.

Parmi ces plans aux lignes roides
Le soleil, flambant sans chaleur,
Met sur la forme et la couleur
Un glacis qui les rend plus froides.

On voit les vallons, les montagnes
Qui hérissent leur nudité.
Votre frisson est augmenté
Par l'aspect transi des campagnes.

Les granits font le froid des marbres,
Le malaise ambiant vous vient
Si fort qu'on souffre avec le sien
L'obscur grelottement des arbres :

A terre, leur pauvre dépouille,
Toute rugueuse de frimas,
Sur les dessus de ses amas
En se crispant montre sa rouille.

Où l'eau filtrait, en telle place
Des talus montueux ou plats,
Luisent des beurres de verglas
Et des bouffissures de glace.

Tous les creux, toutes les empreintes
De la roue et du pied des bœufs,
Sillons herbus, nets ou bourbeux,
Sont pétrifiés dans leurs teintes.

Des chardons morts à blanche mèche,
Se contractent tout rabougris ;
La pierre, avec ses tons bleus gris,
Semble en acier sur l'herbe rêche.

Le sentier qu'on ne peut plus suivre
A partout son petit écueil,
Traître au pas, effacé pour l'œil,
Sous une limaille de givre.

LE FROID.

Le cri plaintif des alouettes
Aiguise encore le froid des champs
Allongeant leurs guérets tranchants
Entre de maigres silhouettes,

Tandis que le vol mortuaire
Des corneilles et des corbeaux
Promène le noir des tombeaux
Sous le ciel blanc comme un suaire.

Dans l'atmosphère qui s'embrume
Vous avez la sensation
Que votre respiration
Gèle à mesure qu'elle fume.

Sable, terreau, fossé, marnière,
Apparaissent gourds, resserrés ;
Toujours plus dans le gris des prés
Se racornit la taupinière.

En glaçonnant, les gouttelettes
Des sources forment de gros tas
De cierges qui, la tête en bas,
Pendent aux roches violettes.

Les mares des châtaigneraies
Sont de grands miroirs blancs-voilés...
Là, des ruisseaux coagulés
Retiennent la ronce des haies.

La rivière à l'état solide
Représente, affleurant ses bords,
Un terrain vitreux qui fait corps
Avec le sol âpre et rigide.

Droite, coudée, arquée ou torse,
Son onde est toute en figement,
Son raboteux encroûtement
Dit son épaisseur et sa force.

LE FROID.

Mais soudain le mal qu'on endure
Cesse. — Ici, grâce aux feux ardents,
La chaleur triomphe au dedans
Non moins qu'au dehors la froidure !

Aussitôt rentré, l'on retrouve
Devant l'enfer des hauts chenets,
L'accroupissement des minets
Et du vieux chien dont l'œil vous couve.

Oh ! comme alors on l'apprécie
Le gîte dont l'isolement
Et l'antique délabrement
Sont le luxe et la poésie :

Palais des longues somnolences
Où le vent, dans les coins bien clos,
N'introduit que ses grands sanglots,
La neige, que ses grands silences,

LE VIEUX CIMETIÈRE

Les vieux morts du vieux cimetière
Dorment incognito leur jaune vétusté.
Au fond d'un sol jaune incrusté
De bois pourri, de clous, d'ossements et de pierre.
L'un des murs, le plus effrité,
Forme une rocheuse et courte lisière
Au cheminet dans la bruyère
Que suit parfois un peu de rustre humanité,

LE VIEUX CIMETIÈRE.

        Indifférente et familière.
Rien qui rappelle ici le dessous funéraire,
        Pas même un cyprès déplanté!
   L'homme et le Temps, chacun à sa manière,
        Pièce à pièce ont tout emporté.
        Cet enclos est si dévasté,
Si désert et si nu, tellement la tanière
Du louche, de l'horreur, de la stérilité,
Qu'un étranger pourrait le prendre en vérité
        Pour quelque lugubre carrière,
Pour un mauvais endroit criminel et hanté...
Sans la croix du milieu, dont la mousse et le lierre
Solennisent encor la fruste majesté!
Assez haute, malgré son âge séculaire,
        Vermoulue, un peu de côté,
Elle est là, recueillie en sa mysticité,
        A la fois simple et singulière.
On semble l'éviter, je la cherche au contraire :
Par son tragique aspect plein de morosité,
Chaque fois, en passant, mon œil est arrêté
        Sans que rien puisse l'en distraire.
Car pour moi, cette croix, dans l'ombre ou la lumière,

Etendant ses moignons de fantôme amputé,
> Figure la fatalité
> Qui pour ainsi dire en prière
> Bénit au nom de la poussière
> Du vide et de l'éternité
> Les vieux morts du vieux cimetière.

LE FIL DU TÉLÉGRAPHE

A ce tournant rocheux du vallon qu'il domine,
Roide entre deux coteaux il se tient si menu
Qu'on le distingue mal, sans regard soutenu,
Hormis les jours d'orage où tout l'air s'illumine.

Si même un grand oiseau d'un parage inconnu,
Voyageur épuisé dont l'effort se termine,
Parfois s'y perchait, noir ou blanc comme l'hermine!
Non! Ce malheureux fil est toujours seul et nu!...

Une fois cependant, vers les temps aigrelets
Il fut le rendez-vous des frileux oiselets
Qui reviennent en troupe aux bons climats fidèles.

Et je le vois encore, à la fois gris et bleu
Comme un câble ardoisé, fléchissant au milieu,
Tant il était partout surchargé d'hirondelles.

LE VIEUX MERLE

Tel va son petit train réglé comme un grand livre :
Il se promène peu, maraude encore moins,
Et sa sécurité le sauvant des tintouins,
Il use en longs repos ce qui lui reste à vivre.
L'expérience autant que l'âge le délivre
De l'amour qui jadis accaparait ses soins ;
La pâture ? si peu suffit à ses besoins.
Qu'il attend que la proie elle-même se livre.
Un mois n'est pas de trop pour qu'il mange sa livre
D'insectes à suçoir, pince, trompe, ou grouin...

Il se laisse voler par un lézard chafouin,
Sans jamais se donner le mal de le poursuivre.
Il revoit les taillis qui furent ses témoins
Et les fonds buissonneux où tremblaient les sainfoins ;
Tout le jour, en flânant, sa mémoire s'enivre,
Et, parfois, lorsque l'ombre ayant serré ses joints,
Les objets ne sont plus que des traits ou des points,
Merle blanc s'il en fût puisqu'il est couleur givre,
Il sort tranquillement de ses tristes recoins
Et se met à chanter sous la lune de cuivre.

L'ORNIÈRE

Dans l'ornière du chemin creux
Abandonné comme inutile,
Plus de passage dangereux.

Plus de roues aux grinçants moyeux
Broyant l'insecte et le reptile
Dans l'ornière du chemin creux.

Le frais des coins mystérieux
Couvre la paix de cet asile :
us de passage dangereux.

Il tombe des talus ocreux
Une ombre jaune qui vacille
Dans l'ornière du chemin creux.

En cet étroit fossé bourbeux,
Réservoir oblong d'eau tranquille,
Plus de passage dangereux.

Pas un hôte malencontreux
Quand il établit domicile
Dans l'ornière du chemin creux!

Tout un petit monde peureux
Y trouve donc un sort facile :
Plus de passage dangereux.

Le bon fureteur curieux
Voit en tout temps, fête et vigile,
Dans l'ornière du chemin creux,

L'ORNIÈRE.

Ces rôdeurs qu'aimaient tant les yeux
De La Fontaine et de Virgile :
Plus de passage dangereux.

Chacun son tour : s'il fait poudreux,
L'être nageotant s'en exile.
Dans l'ornière du chemin creux

Revoici, vague et cauteleux,
Le groupe errant qui se faufile,
Plus de passage dangereux,

Ce sont grillons noirs, bousiers bleus,
Fourmi lente, cigale agile,
Dans l'ornière du chemin creux,

Coccinelle au surnom pieux
Qui fait songer à l'Évangile ;
Plus de passage dangereux.

LA NATURE.

L'échassier-tisseur, le faucheux
Ourdit sa toile sur l'argile
Dans l'ornière du chemin creux

Que le papillon hasardeux
Visite avec la guêpe hostile ;
Plus de passage dangereux

Pour l'orvet qu'un rien casse en deux,
Il peut risquer son corps fragile
Dans l'ornière du chemin creux.

Qu'il pleuve! élastique, onduleux,
Le ver s'y darde et s'y tortille :
Plus de passage dangereux.

La salamandre au pas boiteux
Et glissant se traine et frétille
Dans l'ornière du chemin creux,

L'ORNIÈRE.

Puis, limaces d'un noir hideux,
Jaune-faïence ou couleur tuile ;
Plus de passage dangereux.

L'escargot, cornu vigoureux,
Rampe allongé sous sa coquille
Dans l'ornière du chemin creux

Dont le cloporte poussiéreux
Considère les flaques d'huile :
Plus de passage dangereux.

Viennent les déluges nombreux ?
Alors, c'est rainette, hydrophile
Dans l'ornière du chemin creux ;

Sur ce miroir plat et vitreux
L'insecte rameur tourne et file ;
Plus de passage dangereux.

LA NATURE.

Chacun, aquatique ou terreux,
Vit son rêve inerte ou mobile
Dans l'ornière du chemin creux.

La pie a beau jeter sur eux
Ses horoscopes de sibylle,
Plus de passage dangereux !

Ils mènent au gré de leurs vœux
Leur progéniture docile
Dans l'ornière du chemin creux

Où pendent comme des cheveux
Des fils d'herbe longue et gracile :
Plus de passage dangereux.

Que ces pauvrets soient donc heureux,
Que leur sécurité jubile !
Dans l'ornière du chemin creux
Plus de passage dangereux !

L'ÉCUME DE L'EAU

Il a beau fuir, le flot qui fume,
Toujours neuf de jaillissements,
Quelque chose en reste aux dormants
Dans les miettes de son écume.

Triste mousse qui luit, s'embrume,
Stagne ou vacille à tous moments,
Et, de gris en jaunissements,
Fond, s'évapore et se consume.

Et cependant, rien que cela
Fleurit l'horreur du gouffre plat...
C'est pourquoi l'eau roulant sans trêve

Laisse un peu d'elle à l'eau qui dort.
A l'eau morte comme la mort
Ou songeuse comme le rêve.

LE GRAND ROCHER

Que la couleur du temps le fourbisse ou le plombe,
— Toujours hideux — il met un malaise opprimant
Dans ce coin renfermé d'ombre et d'isolement
Où le sol s'aplatit, se vallonne et se bombe.

Car, ambigu pour l'œil, surtout quand la nuit tombe,
Cet énorme rocher prend démesurément
Un aspect de lion dans l'accroupissement,
Ou de femme à genoux priant sur une tombe.

Marbreux, noir et bronzé, rouillé comme du fer,
Cuit du soleil, blanchi des pleurs froids de l'hiver
Tel il dure, aussi vieux que le vent qu'il défie.

Et j'admire l'horreur de ce monstre éternel.
Trop mort dans la nature et trop voisin du ciel,
Pour voir ramper en bas les larves de la vie.

LE CRÉTIN

Horrifiant la forme humaine
Dans sa structure d'idiot,
Le pâtre nain, jeune et vieillot,
Subit les frimas de la plaine.

Mais, avec sa pensée inerte,
Il n'éprouve qu'à fleur de corps
Cette impression du dehors
Qui lui vient, confuse et couverte.

Son maintien est celui des choses,
Selon que le vent mord plus froid,
Qu'il reste le même ou décroit,
Qu'il reprend ou bien fait des pauses.

L'onde et lui blêmissent ensemble,
Il sent la bise à la façon
Du caillou, du sol, du buisson,
Et de même que l'herbe il tremble.

Il prend, rejette son haleine
Et songe tel que ses brebis :
Ni plus ni moins sous ses habits
Que ce qu'elles sont sous leur laine.

Sans qu'un instant il vienne, il aille,
Sans même entr'ouvrir le compas
De ses jambes, pour un seul pas,
Il reste là, dans la broussaille.

LE CRÉTIN.

Ce lieu que l'ajonc hérissonne,
Pour lui là-bas fixe et debout,
Forme moins un cadre qu'un tout
Où s'amalgame sa personne.

Elle en fait partie intégrante,
Si fondue à ce coin terreux,
Liquide, végétal, pierreux,
Qu'on ne l'y sent pas différente.

Presque nette, une idée unique
Couve en son ténébreux cerveau :
Ses moutons ! et tout le troupeau
Connait son rappel mécanique.

Les bruits rauques de ses langages
Qu'il émet saccadés, plaintifs,
Sont juste significatifs
Comme un murmure de branchages,

Mais, pour le mouton qui s'éloigne
Ils ont un sens : vers le pâtour,
Chaque fois, son brusque retour
Craintif et penaud en témoigne.

De loin, cet être a la posture,
L'air d'un tronc d'arbre ou d'un rocher.
Mais l'œil qui vient à l'approcher
Le trouve affreux dans la Nature.

Avec cet unisson si vaste
Dans l'irrégulier toujours beau.
Ce monstre humain, flasque et nabot,
Fait le plus terrible contraste.

Il montre jaune et toute plate
Une face en tête de mort ;
Jusqu'aux oreilles sans rebord
La bouche sans dents se dilate ;

LE CRÉTIN.

Et sur ces lèvres dont persiste
Le béant rougeâtre et souillé,
Dort le rire stupéfié
De l'insanité froide et triste.

Son crâne enflé d'hydrocéphale
Emplit son bonnet de coton
Et le carré de son menton
Presque à sa poitrine dévale.

Son corps où, goitreux, le cou rentre,
A petits bras courts de crapaud,
Avec jambes d'enfant pied bot;
Et tout son buste n'est qu'un ventre :

Outre ces hideurs effroyables
Dont chacun se tient écarté,
Le mutisme et la surdité
Le retranchent de ses semblables.

Même hélas ! sa mère émouvante
De tendresse pour cet enfant,
Près de lui, toujours se défend,
D'un frissonnement d'épouvante.

Il vit grognant comme un veau beugle,
Et plus redouté qu'un poison,
Muré dans sa double prison
De chair vile et d'esprit aveugle.

Mais ce berger glaçant les moelles
A des yeux d'un bleu vert lacté,
Les frères en mysticité
Du diamant frais des étoiles.

L'innocence de sa pauvre âme
Immaculée y transparaît,
Et tout l'infini du regret
Fait parler ces miroirs sans flamme.

LE CRÉTIN.

Qui disent pour lui : « Je me navre
« De ce que le Sort m'a produit
« Si difforme, si plein de nuit,
« Et repoussant comme un cadavre. »

C'est pourquoi malgré son visage
Et son corps si laids, — par ses yeux
Il demeure, là, sous les cieux,
Le Pur Esprit du paysage.

CONSEIL DE LA NUIT

Voici qu'un roulement de très lent véhicule
S'harmonise en mineur avec les mornes cris
Du râle de genêt, de la chauve-souris :
C'est l'accompagnement des voix du crépuscule.

Un vol noir de corbeau met sa double virgule
Au-dessus d'un vieux bois de châtaigniers pourris.
Et ce bruit, toujours plus, m'émeut sous les cieux gris,
A mesure qu'au fond du silence il recule.

CONSEIL DE LA NUIT.

C'est qu'il verse en mon âme, outre son charme brun,
Je ne sais quel regret vague du temps défunt,
Comme un appel confus vers de lointains voyages.

Vient la nuit qui me dit : « Va ! ne regrette point !
« Puisque pour posséder l'univers dans ton coin
« Tu n'as qu'à regarder l'espace et les nuages. »

LA NUIT D'ORAGE

Dans un logis antique au fond de la campagne,
En un lit de bois noir à vastes rideaux blancs
Qui, bien que large ouverts, vous pèsent accablants,
Vous songez, l'insomnie étant votre compagne.

Or, c'est par une nuit ténébreusement chaude.
La chouette a gémi ses longs rires stridents ;
De l'espace muet il arrive au dedans
Une sournoise odeur de tempête qui rôde.

LA NUIT D'ORAGE.

Tentures et tapis, meuble plat ou qui bombe,
Imprègnent de leur morne et bizarre stupeur
La chambre dont le poids de l'orage en torpeur
Approfondit plus mort le silence de tombe.

A peine encor suivi d'une rumeur très sourde,
Traversant les volets, par instants, un éclair,
Comme un soupir de flamme échappé de l'enfer,
Illumine soudain son atmosphère lourde.

Et des obsessions morbides, saccadées,
Vous lancinent; l'ennui venimeux vous étreint;
Vous ruminez vos deuils, et le regret chagrin
Vers le Lugubre induit le cours de vos idées.

Animés par l'éclat dansant du luminaire
Les portraits, en gardant leur sourire pincé,
Dardent leur clair regard fixe, plus aiguisé,
D'un interrogateur plus froid qu'à l'ordinaire.

Vous fuyez l'un non moins que vous évitez l'autre !
— Sur cette chaise, ici, le hasard fait qu'alors
Certains de vos habits montrent les plis d'un corps
Qui, vraisemblablement, ne serait pas le vôtre.

Là-bas devant vos yeux hallucinés par l'ombre,
Dans la haute fenêtre où chuchote le vent,
Une forme s'ébauche, inerte et se mouvant,
D'un aspect d'autant plus hideux qu'il est plus sombre.

Votre esprit raisonnant sa pensée inquiète,
Par là même la sent faiblir et se troubler :
Donc, le Surnaturel va vous ensorceler,
Derrière l'oreiller sa chimère vous guette.

Ayant sûrement vu quelque monstrueux drame,
Mainte agonie et maint ensevelissement,
Les murs — vous semble-t-il — vivent en ce moment
Des rampements de spectre et des frôlements d'âme.

LA NUIT D'ORAGE.

Votre oreille imagine une plainte étouffée
Partant d'un angle obscur... le vide d'un fauteuil
Et le creux du divan attendent pour votre œil
Le magique assecoiment d'un Diable ou d'une Fée.

Tout ce qu'en fait d'horreurs la Légende a de pire
On se le représente à s'en donner l'effroi :
Brusque, la porte s'ouvre et se referme — on voit
Clopiner vers son lit un cadavre vampire.

Mais, en plein cauchemar, pendant que l'on assiste
Au spectacle inventé par sa sinistre humeur,
Nouvelle fulgurance et compacte rumeur
Naissent, et l'ouragan se rue à l'improviste.

Grave et lent, le tonnerre, au milieu des ténèbres,
Gronde, et c'est d'un effet tragique et solennel
Ce bruit qui se prolonge, énorme, au bas du ciel,
Et se perd, caverneux, en roulements funèbres.

Sans trêve, maintenant, la lumière Fantôme
Resurgit aussitôt qu'elle redisparaît.
On commence à frémir, pour beaucoup on voudrait
A cette heure, être deux sous quelque pauvre chaume.

Vous vous dites en vain, vous parlant à vous-même,
Droit sur votre séant, poings crispés sur le drap,
Que l'orage s'éloigne et qu'il avortera...
L'éclair vous interrompt — et vous en restez blême.

Entre les sifflements des rafales mauvaises
Il vous frôle, terrible, il vient vous aveugler,
On dirait que c'est lui qu'on entend sibiler
Le serpent de la nue aux écailles de braises.

Et, formidablement, la tempête exécute
Sa menace. A la fois il tonne, il vente, il pleut!
Le mugissement noir de l'au-dehors en feu
Par toute la maison, profond, se répercute.

LA NUIT D'ORAGE.

Dans la chambre livide où claque la tourmente
Le zigzag entre large et plus illuminant
Et la foudre, à coups brefs, presque l'accompagnant,
Rapproche toujours plus son fracas qui s'augmente.

Elle arrive! Sa marche a mangé l'étendue :
Ce n'est pas au lointain qu'elle croule! Elle doit
Tomber ici tout près! Au-dessus du vieux toit
Peut-être, en ce moment, est-elle suspendue?

Et voici qu'à l'instant, sans gronder, elle éclate.
En un seul craquement immense, mat et sec.
Et l'éclair fait saigner draps et rideaux avec
Le reflet rouge ardent de son Z écarlate.

Les éléments fondus précipitent en masse
Et si vertigineux leurs chocs si redoublés,
Qu'entre ces quatre murs qui tremblent, ébranlés,
On sent tourbillonner le chaos de l'espace.

L'œil agrandi, figé comme un cataleptique,
On entend son cœur froid battre toujours plus fort...
Le frisson d'un danger de mort — et quelle mort! —
Remplace en vous celui de la Peur fantastique.

Jusqu'au fond de vos os l'épouvante circule :
Car, à chaque retour du grand flamboiement fou,
Là! sous le solivage embrasé tout d'un coup,
Vous vous voyez : tison de chair noire qui brûle!

LES LIBELLULES

Fantasque essaim toujours errant,
Les libellules se poursuivent,
Et leurs gais chatoiements s'avivent
Aux ardents reflets du torrent.

Déjà moiré, parfois s'irise
Le petit tulle si léger
Qui leur permet de voltiger
Dans tous les sens comme la brise.

Les unes, taciturnement,
Laissent flotter leur nonchalance;
D'autres, pour brûler le silence,
Dardent l'éclair d'un ronflement.

Dans les airs elles font des lieues,
Mais, toujours, en haut comme en bas,
Les grandes vertes ont le pas
Sur les toutes petites bleues.

Leur démence de liberté
Dont elles ne savent que faire
Les emporte dans l'atmosphère
Qui les saoule de sa clarté.

Au moindre vent qui les fustige
A fleur d'écume ou de rocher,
Chacune vient se rapprocher
De la branchette ou de la tige,

Impondérable, mais pourtant
Lourde encor, si peu qu'elle y touche,
Pour le brin d'herbe qui se couche
Et se relève en tremblotant.

Longs clous d'or et de pierreries
Ayant grosse tête, gros yeux
Et fines ailes, sous les cieux
Elles promènent leurs féeries.

Elles vont flairer les roseaux
Et puis reprennent leur voyage
Entre les frissons du feuillage
Et les miroitements des eaux ;

Et, quand leur vol, plein de crochets,
De zigzags et de ricochets,
Ayant lassé les demoiselles,

On les voit enfin s'arrêter :
Elles semblent moins s'éventer
Que respirer avec leurs ailes.

LA SILHOUETTE

Ce soir, le ciel figé, l'horizon stupéfait
Combinant pour le deuil leurs teintes fin d'automne
Rendent plus triste encor ce coin qui vous étonne
Par son aspect déjà si funèbre : En effet,

Rocheuse, herbue, avec des sapins, cette plaine
Imite un cimetière à vous faire frayeur,
D'autant plus que, là-bas, voûtée en fossoyeur,
S'y profile, piochant, la silhouette humaine.

Et, dans ce travailleur attardé m'apparait
Le Génie humble du Secret.
Sa présence a tant de mystère!

Si brumeusement j'aperçois
Ses vêtements couleur de bois
Et sa face couleur de terre!

L'ORPHELIN

— « Allons voir ton papa qui dort au cimetière,
Dit la vieille servante à l'enfant tout en noir.
« Viens ! tu réciteras, comme matin et soir,
« Pour son âme de mort ta petite prière.

« Pauvre homme ! il t'amusait encor sur ses genoux
« Quand il avait déjà le râle dans la gorge...
« Il sera si content de voir son petit George,
« Ça lui figurera qu'il est toujours chez nous ! »

Et, vite, le marmot très ému sans comprendre
Suit la femme en bonnet qui le tient par la main,
Et, tous deux, les voilà dans ce triste chemin
Qu'ils ont depuis des mois l'habitude de prendre.

Entre les quatre murs que dépassent les croix
Arborant buis, couronne et médaillon de verre,
Ils vont, et, tout au fond de cet enclos sévère,
Arrivent à la tombe au long des cyprès froids

Alors, simples, devant le rectangle de terre
Qu'a su tondre, épierrer, presque fleurir leur soin,
Ils se mettent ensemble à genoux dans un coin
Dont l'ombre les revêt de vague et de mystère.

L'enfant ôte à deux bras son petit chapeau rond,
La bouche d'un béant qui montre ses quenottes ;
La vieille joint ses mains, comme lui ses menottes,
Chacun, d'un geste bref, s'étant signé le front.

L'ORPHELIN.

Surveillant le mignon pour aider sa mémoire,
La servante, en dedans, dit son humble oraison.
Et lui, de bégayeuse et touchante façon,
Dit la sienne tout haut, en regardant Victoire.

Il est là, s'appliquant à moins balbutier,
Devant les yeux mouillés de cette bonne femme,
Troublant seul de sa voix pure comme son âme
Le silence des morts qui l'écoutent prier.

Puis, reprenant la main ou bien la devantière
De la servante, il rentre au logis de l'aïeul.
De même chaque jour. — Hier, il disait tout seul :
« Allons voir mon papa qui dort au cimetière! »

LE DORMANT

Gouffre noir et visqueux semblant fait d'encre et d'huile,
Le profond de l'écluse, en ce moment, tout plat,
Engloutit son murmure, étouffe son éclat,
Immobilise encor son mystère tranquille.

Tout plaqué, par endroits, de feuilles mi-noyées
Pourrissant là sur place avant de choir au fond,
Il croupit sous le ciel morne et fumeux plafond
Où la bruine pend ses toiles d'araignées.

LE DORMANT.

Sous ce dormant d'une eau si compacte et si rase,
Vitrifié si mat que rien n'y transparait,
On sent plus hermétique en son hideux secret
Le gisement déjà si fermé de la vase.

On dirait qu'eux aussi les bords en léthargie,
Avec leurs arbres noirs, et leur herbage blanc,
Subissent moins l'hiver que le charme accablant
D'une surnaturelle et terrible magie.

Et ce coin de nature à forme trépassée
Dégage pour tout l'être un fantastique effroi,
Un malaise rampant, gélatineux, et froid,
Une horreur qui vous prend le corps et la pensée.

  Le Vent du soir un peu s'éveille
  Pour accompagner d'un sanglot
  Une voyageante corneille ;

Puis la Nuit, aux ailes funèbres,
Vient égaliser l'Air et l'Eau
En silence comme en ténèbres.

MESSAGE DU PRINTEMPS

Bien que l'hiver soit accompli,
Le printemps reste enseveli :
Dans une atmosphère voilée
Languissent maigres et tremblants
Les arbres nus sous les cieux blancs,
Lorsque, soudain, par la vallée...

Un cri vitreux et délicat,
Un cri, soupir d'harmonica,
Ce soir, très sûrement m'informe

Que les ondes et les terrains
En ont assez d'être chagrins
Et qu'il faut que le froid s'endorme.

La bruine a couché le vent :
Le même cri sort plus souvent
De l'herbe humide en somnolence ;
Un autre s'y mêle ou le suit,
Et ces gouttelettes de bruit
S'éparpillent dans le silence.

Béni soit le nombreux sanglot
Du limon, de l'herbe et de l'eau !
A ce signal plein de mystère
La sève commence à monter
Et tout se met à fermenter
Dans les entrailles de la terre.

L'astre mourant sur des forêts
Devant moi colore un marais :
A travers les joncs purpurins

J'y vois rougeoyer une forme.
Tout juste ! une crapaude énorme
Son petit mâle sur ses reins.

Longtemps ma curiosité
Scrute en leur immobilité
Ces deux bêtes qui n'en font qu'une,

Et je pars, laissant à fleur d'eau
La femelle et son cher fardeau
Gémir d'amour, au clair de lune.

PASSAGE DE FOURMI

Avec le muet verdoiement
De sa frondaison racornie
Tout le val est dans l'atonie
Du rêve et du croupissement.

Par les airs, silence alarmant
Et sur l'eau torpeur infinie !
Au ciel, c'est la monotonie
Des nuages sans rampement.

PASSAGE DE FOURMI.

Mais passe une fourmi menue
Que rend encore plus exiguë
Sa glissante fugacité,

Et rien que ça rompt la tristesse.
Ce frisson de la petitesse
Dans la mort de l'immensité.

PLUIE DANS UN RAVIN

Au ravin du lierre et du houx
La Pluie, à fils drus, se dévide :
Tout le ciel pleure dans les trous.

Compacte, égale, sans courroux,
Monotone, rayant le vide,
Au ravin du lierre et du houx

Elle tombe. — Sable et cailloux
Pourront boire à leur soif avide,
Tout le ciel pleure dans les trous.

PLUIE DANS UN RAVIN

Des joncs, hauts comme des bambous,
Suintent sur leur étang morbide
Au ravin du lierre et du houx.

Les feuillages deviennent mous,
Le sol gras, le ruisseau rapide,
Tout le ciel pleure dans les trous.

Déjà plus d'un petit remous
Tournique à fleur de l'eau torpide
Au ravin du lierre et du houx.

Très bas chantonnent les coucous
Que ce jour vitreux intimide...
Tout le ciel pleure dans les trous.

Parfois le tonnerre ! — des coups
Sourds, roulant du lointain livide
Au ravin du lierre et du houx.

L'ombre gagne... les casse-cous
Dérobent leur abord perfide...
Tout le ciel pleure dans les trous.

．

Là-bas, quelqu'un en manteau roux
Tire un cheval blanc par la bride
Au ravin du lierre et du houx :

Homme et bête ont jusqu'aux genoux
L'eau d'un grand bourbier qui se ride,
Tout le ciel pleure dans les trous :

Puis, un troupeau de moutons fous
Dégringolant la côte aride
Au ravin du lierre et du houx !

Leur bêlement dit : « Sauvons-nous! »
Ils suivent la Peur qui les guide :
Tout le ciel pleure dans les trous.

PLUIE DANS UN RAVIN.

Et bientôt, la nuit a dissous
L'aspect du grillage liquide
Au ravin du lierre et du houx.

Un angelus funèbre et doux
Y jette sa plainte languide,
Tout le ciel pleure dans les trous.

A gémir avec les hiboux
Le marais enfin se décide
Au ravin du lierre et du houx :

Sons funestes, voix d'en dessous
Au fond du grand silence humide.
Tout le ciel pleure dans les trous.

Les hameaux poussent leurs verroux :
L'horreur ténébreuse réside
Au ravin du lierre et du houx,
Tout le ciel pleure dans les trous.

LA CHAGRINEUSE

D'où vient que ce pacage avec un arbre au fond
Suffit à composer toute une solitude
Funèbre, un Sahara visqueux d'inquiétude.
Désert d'ennui toujours de plus en plus profond ?

Il est vrai qu'au ciel bas les nuages s'en vont
Ternissant l'herbe haute où passe le vent rude
Et qu'aux lointains boisés si mornes d'attitude
On distingue déjà des verts qui se défont.

LA CHAGRINEUSE.

Et puis, le crépuscule a fini ses apprêts :
L'ombre descend du ciel et monte du marais.
Goutte à goutte un clocher pleure des glas moroses.

A moins que ce qui fait l'horreur de cet endroit
Hélas ! son abandon et son deuil, ce ne soit
Ma pensée encore plus lugubre que les choses !

LE PETIT PAYSAGE

Ce frais recoin mystérieux
Qu'à regards penchés je visite
Vaut pour moi le plus vaste site
Où l'on s'écarquille les yeux.

Ce paysage mignonnet
Est fait d'un caillou, d'une mousse,
D'un brin d'herbe, d'un peu d'eau rousse,
D'un champignon et d'un genêt.

LE PETIT PAYSAGE.

Le vent caché pour le moment
D'aucun souffle ne les dérange :
Ils dorment leur sommeil étrange
De stupeur et d'écrasement.

Le soleil cuisant le sillon
L'onde, les foins, l'arbre et la roche,
Par intervalles les accroche
D'une parcelle de rayon;

Et ce peu d'ardente clarté
Qui les transfigure quand même,
Les réjouit dans leur jour blême
Et leur brumeuse humidité.

Brin vert et champignon rosé
Genêt, caillou que l'onde humecte,
Sont tous nus; pas le moindre insecte
Ne s'y montre errant ou posé.

Mais là, sur la mousse, se tient
Une mince et courte chenille,
Et dans la flaque d'eau frétille
Un crapaud lilliputien.

Cette chenillette en gaieté
Sur sa touffe de mousse grêle
Montre des ors dont son poil frêle
Vieillit encor l'ancienneté.

Et le petit crapaud gris brun
Ayant trainé son ventre jaune,
Sur le champignon si bien trône
Que tous deux, soudés, ne font qu'un.

Puis, Elle ondule au bord de l'eau
Où Lui rentré flotte et renage,
Et, chacun est un personnage
Animant ce menu tableau.

LE PETIT PAYSAGE.

Par leur vif et lent va-et-vient
Qu'ils manœuvrent à leur envie,
L'un l'autre ils lui donnent la vie
Minuscule qui lui convient.

Le Soleil devant maintenant
Fondre les carreaux des fenêtres
Fait flamber ces deux petits êtres
Dans leur petit coin rayonnant.

Et le vent frôle à souffle chaud
La toute petite peinture
Dont l'âme est la miniature
D'une chenille et d'un crapaud.

MON CHIEN PISTOLET

Sa gravité comique et son froid badinage
Font que mes yeux distraits s'amusent, n'importe où.
Au creux, sur la hauteur, au bord de l'eau, partout,
Rôde éternellement notre compagnonnage.

Même en ses jours de fugue et de libertinage
Il vient me retrouver encore — tout à coup
Il surgit d'un buisson, d'un bois, d'un casse-cou.
Et reprend devant moi son gai papillonnage.

MON CHIEN PISTOLET.

De face ou de profil — assis comme debout.
Au petit pas, rampant, à la course, à la nage,
Dans toutes ses façons, il est bien moyen-âge
Avec son œil de biche et sa couleur de loup.

Souple et fort — jappant sec et plutôt taciturne,
Ce chien d'acier répond au nom de Pistolet :
Et certe! il en vaut un par sa garde nocturne!

Au moindre craquement de porte et de volet
Il s'arme! et, si quelqu'un pénétrait dans la salle
Il ne ferait qu'un bond, soudain comme une balle.

LA JOURNÉE DIVINE

Mon odieux corps a fait trêve
Et devenant un pur esprit
Dans le végétal qui fleurit
Je circule comme la sève.

Mon extase monte, s'élève,
Jusqu'en l'azur s'épanouit,
Je suis un peu l'herbe qui luit,
L'eau qui court, le rocher qui rêve.

LA JOURNÉE DIVINE.

Comme l'air, le zéphir, l'arome et la clarté,
Ma pensée est éparse en cette immensité
Dont elle voit, raisonne et vit l'architecture.

Le soir vient : Je reprends ma bête et mon chemin,
Mais, je sais l'infini bonheur d'un être humain
Qui fut pour un instant l'âme de la nature.

MAGIE DU SOIR

Par les effets de sa peinture
Qu'il tire du ciel et des airs,
Le Soir, surtout dans les déserts,
Est le sorcier de la Nature.

Son vague rend l'œil circonspect
Et l'esprit subit l'influence
De son mystérieux silence
Et de son murmure suspect.

MAGIE DU SOIR.

Ses trames grises qu'il machine
Avec tant de solennité
Déguisent la réalité
Et montrent ce qu'on imagine.

Partout l'étrange Magicien
Pratique ses métamorphoses,
Pour grandir les petites choses
Nul autre charme que le sien !

Hier, dans une immensité verte,
J'admirais une flaque d'eau.
Par degrés il l'eût recouverte
D'un vaporeux petit rideau,

Puis, sa brise, mais si peu forte!...
Vint y mettre une feuille morte.
Alors, songeant au gouffre amer,
Dans la flaque je vis la Mer...
Où, tout seul, un canot sans voiles
Flottait au lever des étoiles.

LES VIOLETTES

Les violettes sont des fées
De la couleur et de l'arome.
L'humble mousse est le frais royaume
De ces modestes attifées.

Elles se plaisent sous le dôme
Des grandes forêts étouffées.
Les violettes sont des fées
De la couleur et de l'arome.

LES VIOLETTES.

Sous les tuniques dégrafées
Le sein des vierges s'en embaume,
Le vivant, le mort, le fantôme
Se parfument de leurs bouffées,
Les violettes sont des fées !

FLORAISON JAUNE

A peine le printemps a feuillé les campagnes
Qu'une couleur d'or pâle et funéraire y poind...
C'est la fleur des genêts qui tranche de si loin
Sur le vert des vallons et le gris des montagnes.

Ici, dans ce pays déjà mystérieux
On assiste au progrès envahissant du jaune :
Il descend, il côtoie, il gravit, rampe et trône,
Mélancolisant l'âme en remplissant les yeux.

FLORAISON JAUNE.

Par les plaines surtout, comme au flanc des coteaux,
Près des tout petits bourgs et des très vieux châteaux,
    Certains coins ont des jauneurs telles

Qu'on dirait foisonnant d'énormes immortelles
    Des cimetières d'autrefois
    Dont l'herbe aurait mangé les croix!

LE ROI-SILENCE

Encor sur la côte et la brande
Ce déluge sec et frôlant
Tombant ouaté sans qu'on l'entende !

La neige a tout drapé de blanc.
Sur les choses dans leur suaire
Le silence trône accablant,

Car, maintenant, pour sanctuaire
Il a tout l'espace plongé
Dans une stupeur mortuaire.

LE ROI-SILENCE.

Le grand lac était si figé
Qu'il s'est couvert comme la terre,
A mesure qu'il a neigé.

Même horreur et même mystère !
Confondus sous le même enduit,
Tous deux ne font qu'un pour se taire.

S'il passe un oiseau, c'est sans bruit,
A la manière d'un fantôme
Qui traverse un mur dans la nuit.

Si le vent circule, un arome
Ne voltige pas plus fluet.
Rien ne trouble en son blanc royaume
L'effrayant monarque muet

Pas même un murmure d'atome !

Telle est donc l'affreuse rigueur
De ce silence opaque et froid qu'il vous condamne
A n'entendre que les hou-hou de votre crâne
Et les toc-toc de votre cœur!

ESQUISSE

Ici le poisson sédentaire
N'a pas lieu d'être circonspect.
Jamais encor rien de suspect
N'a voisiné dans son mystère.

Des forêts se tenant en bloc
Impénétrablement contournent
Ces ondes noires qui s'enfournent
Dans un précipice de roc.

LA NATURE.

Les grands arbres de chaque bord
Y font une voûte qui dort;
Et, d'un coupant de besaiguë,

Se dresse un peuple de roseaux
Hérissant tout droits, par monceaux,
Leurs sabres verts à pointe aiguë.

LE FOIN

La faux reprend ses songeries :
Maintenant gisent par morceaux
Ratelés en petits monceaux
Les chevelures des prairies.

De si redoutables assauts
Ont fait émigrer les fréries
Des fourmis, guêpes, souriceaux
Vers les solitudes fleuries :

Ondoiements, murmures, frissons
Tout est mort entre les buissons
D'où l'oiseau voit d'un œil acerbe

Ce malheureux foin étendu,
Si changé qu'il en a perdu
Sa figure et sa couleur d'herbe.

L'INSECTE AQUATIQUE

Avec une aisance parfaite,
Tourniquant, virant, serpentant
Il joue à fleur de son étang
Qui tiendrait dans une cuvette.

Ce prodigieux glissotant
Va par crochets, fait la navette
Instantané comme l'instant :
La rainette en est stupéfaite.

Aussi, les jolis petits joncs
Qu'elle troublait de ses plongeons
Ont repris leur sommeil inerte...

Et c'est un charme exquis de voir
Patiner cet insecte noir
Devant cette grenouille verte.

LES FILEUSES

Parfois, quand mes regards ont quitté la rivière
Pour la cime du mont — j'aperçois tout à coup
Des bergères qui sont assises ou debout,
De face ou de profil, sur une grande pierre.

Avec leurs gestes lents et rares — leur complainte
Qui bourdonne trainarde en la couleur du temps,
Elles semblent des Sphinx animés et chantants
Sur ce banc de rocher dont elles ont la teinte.

Par le magique effet des brumes et du soir
On dirait que le ciel qu'elles atteignent juste
Baigne de ses vapeurs leur silhouette fruste,

Si bien qu'halluciné dans ces tristes parages,
Frissonnant malgré moi, je m'imagine voir
Des sorcières filant au milieu des nuages.

JOURNÉE D'UNE CIGALE

La Cigale se perd
Dans la haie
Où rien encor n'effraie
Son corps vert.
A peine s'il fait clair :
Le jour seulement raie
L'oseraie
D'un éclair.

LA NATURE.

Elle assiste au réveil
De l'aurore.
Tout le ciel se décore
Blanc vermeil
D'un glacis de soleil :
L'air bleuit et se dore,
Bien qu'encore
En sommeil.

Tout sort comme d'un puits
De la brume :
Le sol moite qui fume
L'onde — et puis,
Formes, couleurs et bruits,
Dans le val que parfume
L'amertume
De ses buis.

Elle pour exciter
Les Cigales
Ses sœurs, moins matinales,
A chanter

Se met à cliqueter,
Faisant, par intervalles,
   Ses cymbales
   Se frotter.

Elle entend de trop loin
   Leur réponse ;
D'ailleurs, de l'eau s'annonce,
   Elle poind !
Lors, prudente, avec soin,
La Cigale se fronce
   Et s'enfonce
   Dans son coin.

Mais l'averse d'été
   Vite enfouie
Met l'arbre qui s'ennuie
   En gaieté.
La bête a remonté
Sous les gouttes de pluie,
   Éblouie
   De clarté.

Bientôt dans l'air plus bleu
    Qu'elle rince,
L'averse est aussi mince
    Qu'un cheveu.
La bête humecte un peu
Sa bouchette qui pince,
    Son cou grince
    Tant qu'il peut.

Elle aborde un mûrier
    Qui l'accueille,
Visite un chèvrefeuille
    Tout entier.
Son épineux sentier
Va des fruits que l'on cueille
    A la feuille
    D'églantier.

Le matin s'est enfui...
    Midi brûle !
Nul zéphir ne circule.
    Le sol cuit.

Tout le ciel bas sur lui
Cet air de canicule
 Vibre, ondule,
 Et reluit.

Ce fouillis la défend,
 Mais en somme
Outre que l'air l'assomme
 Etouffant,
Voici l'heure où souvent
Le serpent vient là, comme
 L'oiseau, l'homme
 Et l'enfant.

Donc ! tant pis ! son buisson
 Va se taire.
Elle gagne une terre
 De gazon
Qui dort sans un frisson.
Dans ce lieu solitaire
 Du mystère
 A foison !

Elle grimpait là-bas
  Chez son hôte
Le buisson de la côte
  Pas à pas,
Mais dans ce pré! non pas!
Au sein de l'herbe haute
  Elle saute...
  Quels ébats!

Déjà pour le lézard
  D'émeraude,
Chercheur de l'ombre chaude,
  Il est tard.
Donc, sans peur, elle part.
Devant elle maraude,
  Flâne et rôde
  Au hasard.

Ses deux antennes ont
  Délicates
Un souple d'acrobates,
  Elles font

Biais et demi-rond :
Où les mènent les pattes
    D'automates
    Elles vont.

Elle trouve ici, là,
    Bien robée
Abeille, scarabée
    Plein d'éclat,
Faucheux haut, bousier plat,
Rentrant de leur tournée,
    Araignée
    Qui s'en va.

Puis le reptile ami
    Vert comme elle,
La rainette crécelle
    Qui frémit,
Un ver, une fourmi,
La grande sauterelle
    Sa jumelle
    A demi.

LA NATURE.

Elle surprend l'essor
    Ou la pause
D'un beau papillon rose
    Lam or ;
Elle rencontre encor
Un vieux grillon morose
    Qui repose
    Semblant mort.

Un long parcours franchi,
    Un peu lasse,
Elle dort, se prélasse,
    Réfléchit.
Et, le corps rafraichi,
Dans l'herbe haute ou basse
    Saute, passe
    Resurgit.

Tel endroit lisse et nu
    L'échassière
Maintes fois le préfère
    Au touffu ;

JOURNÉE D'UNE CIGALE.

Son petit pied griffu
Qui mordrait sur le verre
   Ne sait guère
   Rien d'ardu.

Tout lui va ! roc luisant
   Et cloaque,
Bois mort, sable qui craque.
   Jonc glissant,
Creux, hauteur et versant !
Après la boue opaque
   C'est la flaque
   A présent !

Se risquer à l'eau ? Non !
   C'est folie :
Mais, cette herbe salie
   Fait un pont.
Comme il suffit d'un bond,
Où son aile jolie
   Se déplie
   Tout de bon.

Elle prend cette fois
    L'envolée
Sur la branche isolée,
    Sur les croix
Des chemins, sur les bois,
Sur la mousse brûlée
    Et gelée
    Des vieux toits.

Enfin, c'est son retour
    Qui lui tarde.
Elle tâte, regarde,
    Marche-court,
Lente, à chaque détour
Dans cette ombre blafarde
    Qui brouillarde
    Tout autour.

Son trajet est fourni...
    Joie extrême !
Le voilà ce qu'elle aime :
    Son cher nid,

Dans le buisson béni !
C'est temps : maintenant même
　　Le jour blême
　　Est fini.

LA BONNE RIVIÈRE

Heureux gardons, heureux barbeaux,
Aucun souci ne vous effleure
Dans la rivière des crapauds !

Là, sur ce fond bien au repos,
Pas de gravier qui vous écœure,
Heureux gardons, heureux barbeaux,

Vous avalez à tout propos
Du limon gras comme du beurre
Dans la rivière des crapauds.

LA BONNE RIVIÈRE.

L'été rallumant ses flambeaux,
Vous avez pâture meilleure,
Heureux gardons, heureux barbeaux !

Car, joncs, roseaux, buis sont si beaux
Et puis si bon tout cela fleure
Dans la rivière des crapauds

Que moucherons, grands et nabots
Viennent s'y noyer à toute heure....
Heureux gardons, heureux barbeaux !

C'est le calme plat des tombeaux,
La bonne joie intérieure
Dans la rivière des crapauds,

.

Qui, certains soirs, flûteurs dispos,
Vous jouent leur musique mineure....
Heureux gardons, heureux barbeaux !

Nul voisinage de hameaux!
Pas un danger ne vous épeure
Dans la rivière des crapauds.

Vos témoins sont de vieux ormeaux,
Vos bruits, ceux du rocher qui pleure....
Heureux gardons, heureux barbeaux!

Goûtez la paix! sous vos rameaux
Que jamais l'homme ne vous leurre
Dans la rivière des crapauds!

Que le Temps y tanne vos peaux!
Que vos squelettes y demeurent....
Heureux gardons, heureux barbeaux!

Ayez des enfants par troupeaux,
Et qu'ils naissent, vivent et meurent,
Heureux gardons, heureux barbeaux,
Dans la rivière des crapauds!

LA FOLLE

En automne, au printemps, quand le soleil assoiffe
La terre, même aussi lorsque le froid vous mord,
On voit la Folle errer, pâle comme la Mort,
Sous ses longs cheveux noirs qui sortent de sa coiffe.

Plus belle du désordre égaré de ses charmes
Elle va dans sa libre inoffensivité,
Atteinte pour jamais de cette insanité
Que le regret d'Amour engendre avec des larmes.

Tout ce que la Musique exprime de plus tendre :
La caresse du cœur, la pitié du sanglot, —
— Le murmure du vent, du feuillage et de l'eau,
Tout cela, confondu, sa voix le fait entendre.

On dirait que son âme inconsolable hôtesse
De cet horrible drame où sombra son esprit,
A passé dans son chant qui pleure et qui sourit
Avec le même vague et la même tristesse.

Soudainement voilés d'une vapeur sensible,
Suivant que sa pensée obscure se souvient,
Ses yeux regardent tout et ne regardent rien :
Ils guettent du néant au fond de l'Impossible.

Image de la Nuit, l'étrange créature
A le Mystérieux et la Solennité.
Ce corps que déjà tant La Folie a sculpté
Dans sa mélancolie incarne la Nature.

LA FOLLE.

Un pauvre fichu noir croisé sur sa poitrine,
Elle vous apparaît rôdant par tout chemin
D'un pas de revenant plus que d'un être humain...
Somnambule et statue en sa robe chagrine.

Sa jupe rapiécée et dont le bord se ronge,
Laissant voir purs et blancs ses beaux petits pieds nus,
Elle va. — Fleur, quenouille entre ses doigts menus
Sont les mêmes objets qu'elle tient comme en songe.

La plaintive Elégie et la triste Romance
L'escortent pour les yeux du rêve : Elle est leur sœur !
Le monotone aspect de son humble douceur
A presque angélisé sa tranquille démence.

Veuve de la Raison qui déprave les choses
En y mettant sa peur, sa joie ou son ennui,
Elle est le pur instinct qui marche devant lui
Aveugle au paysage en ses métamorphoses.

Végétativement elle assiste au spectacle
Des ravins guère moins stupéfaits que son cœur
Où l'arome des champs, leur grâce, leur langueur
Trouvent un impassible et neutre réceptacle.

Froide le plus souvent, parfois la pauvre Folle
A des regards émus pour les petits oiseaux,
Prie au long des cercueils, chante auprès des berceaux,
Adresse aux mendiants quelque lente parole.

Mais les nuages, l'eau, les grands horizons vides
Sont le gouffre ordinaire où son œil va plonger,
Et son esprit perdu qui peut encor songer
Interroge le soir ces profondeurs livides :

Car, c'est de là qu'un jour surgira, — pense-t-elle —
Le fantôme ou la voix de l'Être disparu
Dont son tourment d'aimer, par le désir accru,
Cherche toujours en vain l'enveloppe mortelle.

NUIT DE FEUILLES

On distingue mal sous les aunes
Ce coin de rivière stagnant
Dont l'écume, par plaques jaunes,
A fait un marbre frissonnant.

Et peu à peu, les grands feuillages
Chargés de brume et de secret,
Semblent si hauts qu'on les dirait
Enchevêtrés dans les nuages.

Seuls, les coteaux noirs — chevelus
Transpercent l'ombre — il n'y a plus
Que leur silhouette qui dure.

Et voici juste le tableau :
Le ciel englouti comme l'eau
Par des ténèbres de verdure.

LES PETITES CROIX

Tiens! voilà qu'encor j'aperçois
Une toute petite croix
Obliquement plantée en plein cœur dans la grande!
C'était seulement une, il y a quelques mois...
A présent, c'est toute une bande!
On honore de cette offrande
Chacun de ces passants renfermés dans du bois,
Pour qu'au cimetière il se rende
Mieux béni chez ses hôtes froids.

Or, depuis bien des autrefois
On a déserté cette lande...
Par ce chemin dont la légende
A fait la route des effrois
Il ne passe plus de convois.

Alors, qui? Je me le demande,
Vient planter ces petites croix?
Sans doute, quelque fou, solitaire et sournois,
Quelque damné peut-être? En tout cas j'appréhende
L'une ou l'autre rencontre en de pareils endroits,
Et je me sauve avant que la nuit ne s'étende.

LA BONNE BÈTE

Sa léchade à tel coin du gîte ou du chemin
Me semble le baiser de la bonté suprême ;
Et sa patte qu'il vient me tendre de lui-même
Est pour moi le meilleur des serrements de main.

Dans sa fidélité je vois le pur emblème
Du dévouement obscur et presque surhumain ;
Ce qu'il était hier, il le sera demain :
Toujours flattant naïf, aimant sans stratagème.

C'est pourquoi, quand je l'ai battu comme aujourd'hui,
A propos d'un méfait tout naturel pour lui,
Sur-le-champ, j'en éprouve un regret, j'en frissonne...

Car, il n'a pas compris mes coups, je le sens bien!
L'ébahissement règne en cette âme de chien
Qui, navré, me regarde ainsi qu'une Personne.

LES SYLPHES

La nuit tombée avec une lenteur perfide
Voile et va nivelant en lame de couteau
L'escarpement des rocs, les tours du vieux château
Qui saillaient tout à l'heure encore sur le vide.

Or, ici, resserré, ce vallon creux, humide,
A gauche, à droite, ayant pour muraille un coteau,
Plafonné d'un ciel bas, — pavé du noir de l'eau,
Forme une cave oblongue où rôde un jour livide.

Les hirondelles sont les sylphes de ce lieu.
Tournant leur ventre blanc, — balançant leur dos bleu,
Elles piquent le flot du pointu de leurs ailes;

Puis, sur leur vol confus, l'ombre s'appesantit
Et peu à peu très vague il devient si petit
Qu'on dirait dans la brume un vol de demoiselles.

LA GROTTE

Le rossignol pleurait sa chanson goutte à goutte
Dans ce profond du roc où comme un œil discret,
Furtive, à rayons froids et blancs, la lune entrait
    Par les fissures de la voûte.

Quelque part, vous laissant incertain de sa route,
A demi gazouilleuse une source filtrait,
Si bien que la caverne, au milieu du secret,
    Gémissait et murmurait toute.

Et puis, avec la même invisibilité,
Des fleurs soufflaient leur baume à ce creux enchanté :
J'eus donc une extase complète,

Puisque entre ces deux voix du grand silence brun,
L'esprit du lieu rôdait sur un double parfum
D'aubépine et de violette!

LE TROUPEAU DE VACHES

Contournant large et creux son humide étendue
Entre deux bois épais dont l'ombre le noircit,
Le grand pacage nu davantage épaissit
Le verdoiement figé de son herbe touffue.

S'embrumant çà et là des vapeurs qu'il dégage,
Il dort en ce plein jour comme en la pleine nuit,
Sans frisson de couleur, de mouvement, de bruit,
Désert, moitié prairie et moitié marécage.

Endroit mort, d'un sinistre et hideux caractère,
Avec ses arbres nains, tout hérissés de nœuds,
Ses petits rocs saillant de fouillis épineux,
Ses mares, ses buissons saturés de mystère !

Soudain, changeant d'aspect, son horreur se découvre :
Car un gai beuglement dévalant du coteau
Y vient, et, tout d'un bloc, des vaches aussitôt
Apparaissent devant la barrière qui s'ouvre.

A peine il est entré que sur un cri du maitre
Déjà tout le troupeau s'est presque séparé,
Considérant l'espace après avoir flairé
Cet herbage invitant qu'il va se mettre à paitre.

Et les bêtes ayant disséminé leur groupe,
Chacune, le col bas, s'avance indolemment ;
Et voici commencer le vaste broutement
Rythmé net, en plus sourd, d'un bruit de faux qui coupe.

LE TROUPEAU DE VACHES.

Or, ici, quelque peu Marchoise Bretonnante,
Chaque vache est mignonne avec l'énorme pis,
Tête maigre, les yeux plus malins qu'assoupis,
Fanon court et la queue à la mèche traînante.

Avec le jarret svelte et la grâce des chèvres,
Elles ont noir d'ébène, un poil plat de souris
Que foncent encor plus leur beau cornage gris
Et les baves d'argent qui moussent à leurs lèvres.

Montagnards aussi fins que ceux des vaches suisses
Leurs pieds sont vifs ; on sent qu'ils deviendraient mutins
Malgré cette mamelle aux quatre gros tétins
Qui dandine sa masse en leur battant les cuisses.

Et, bientôt, dans ce pré d'une atmosphère bleue
Le soleil se propage et réveille les taons,
Faisant se secouer jambes, museaux gloutons,
Vibrer des reins sans cesse émouchés de la queue.

A mesure qu'ayant tondu telle herbe rase
La bouche avidement mord à celle d'après,
Le pas suit, invisible en son rampant progrès
D'un machinal tenant du songe et de l'extase

Là, quelqu'une éternue, ailleurs, une autre tousse
Produisant un fracas d'un caverneux profond ;
Là-bas, les dos bien joints de plusieurs qui s'en vont
Ont l'ondulation d'une vague très douce.

Devant elles, au cours de leurs broutements graves,
Des formes parmi l'herbe éveillent des frissons :
Elles rencontrent vers, chenilles, limaçons,
Tous les hôtes du frais, tous les rampants des caves.

Une taupe, un mulot surgissant d'une touffe
Les épeure. Elles ont un recul étonné ;
Grenouille sautillant, serpent pelotonné,
Sentent le souffle chaud de leur mufle qui bouffe.

LE TROUPEAU DE VACHES.

Au contraire, l'oiseau, qu'il voltige ou piétonne,
Pour ces vaches toujours sera le bienvenu ;
Plus d'une en se frottant contre un arbre chenu
Aime à voir dansoter la margot monotone.

Et le vent les caresse au bas des airs tranquilles,
Et le reflet des bois vaguement éclaircis
Leur rend plus doux l'aspect des cloaques moisis,
Moins morne la longueur des buissons immobiles.

Le soleil rayonnant dans un nuageux blême,
Se dérobant ici pour aller frapper là,
Alternativement, elles ont un éclat
Luisant mat ou voilé comme l'azur lui-même.

Si recouvert de brume est le fond du pacage
Que celles qu'on y voit sont des spectres bovins :
Il semblerait qu'au bas de ces taillis-ravins
Elles aient revêtu l'ombre qui les encage.

Follette, par instants, une génisse instable
Prend le galop, rebroute et repart de nouveau ;
Une mère répond à l'appel de son veau
Meuglant des profondeurs lointaines de l'étable.

L'une ou l'autre ayant soif, pleine de songerie,
S'en va boire au marais — le cou dans les roseaux,
Elle pompe l'eau morte, et, pleurant des naseaux,
Mélancoliquement reprend sa mangerie.

Et, peu à peu, marquant d'une bouse qui tombe
Lourde, le lent chemin qu'elles font par le pré,
Elles broutent d'un air distrait, désaffairé ;
Leurs flancs s'arquent plus ronds et leur ventre se bombe.

Et la satiété, par degrés les rassemble,
Telle isolée arrive en beuglant vers ses sœurs ;
Et jeux, luttes, ébats, lèchements caresseurs,
Indiquent leur plaisir d'être toutes ensemble.

Puis, toujours plus souvent, leur tête se relève ;
Leur arrachement flasque et leur broiement léger
S'arrêtent. Elles ont bien fini de manger :
Pour chacune est venu l'instant croupi du rêve.

Maintenant, l'œil mi-clos, en cette herbe mouillée
Elles semblent dormir le bon ruminement,
Celle-ci flanc à bas, dans le plein vautrement,
Une couchée assise, une autre agenouillée.

Et le soir les surprend dans ces diverses poses,
Tandis qu'au beau milieu de leur jonchement noir
Trois grands taureaux, debout, chargés de nonchaloir,
Se profilent, tout blancs, avec les cornes roses.

MATIN BRUMEUX

Sous sa vapeur laiteuse et fixe, la rivière
Figure ce matin un bain de vif-argent
Où les arbres penchés — le ciel se nuageant
Transparaissent brouillés ainsi que la lumière.

Nappe vide à la fin de la feuille tombée
Dont l'engloutissement a coussiné son lit,
Elle offre immaculé son miroir que polit
Le temps mort, suffoquant dans la moiteur plombée.

MATIN BRUMEUX.

Et la nue en chagrin sans un coin qui s'allume
Est si calme au-dessus de l'eau pâle qui fume,
Tant de douceur emplit le ravin isolé,

Que, parfois, dans ce blanc du gouffre en somnolence
Un beau martin-pêcheur, comme un écrin voilé,
Passe avec son cri bref : piqûre du silence.

LE BOIS DE HOUX

Parmi ces vieux arbres fendus
A la ramure dégarnie
Le houx, dans sa monotonie,
Prend des aspects inattendus :
Car, recroquevillée, unie,
Plus ou moins fraiche et racornie,
Les bords taillés en crocs pointus,
Sa feuille, entre ces bois tortus,
Partout change, restant vernie.
En tel coin — vert pâle — jaunie,

LE BOIS DE HOUX.

Ici, montrant des gris ténus,
Là, ces roses pleins et grenus
De la belle chair bien fournie;
Ailleurs des rouges mal venus,
Moitié sang et moitié sanie.
Au fond des bois les plus ardus
Pareils mystère — ombre — atonie
Silence — m'étaient inconnus :
Quelque fée ou quelque génie
Habite ces endroits perdus
Dans la solitude infinie.

PAYSAGE TRISTE

Un ciel blanc qui sur un val gris
Va pleurer des larmes de neige;
Malgré le mont qui le protège
Un étang complètement pris;

Aux trois autres horizons sombres
Un boisé vague, — une vapeur
Toute blême dans la stupeur,
Une espèce de forêts d'ombres.

PAYSAGE TRISTE.

Ici, tout droits, sveltes et hauts,
Des bouleaux qui font les délices
Du regard avec leurs troncs lisses
Paraissant blanchis à la chaux.

Là, d'une fatidique approche,
Mettant de l'horreur autour d'eux
Des petits arbrisseaux hideux,
Noirs, poussés à même la roche.

C'est tout! mais quelle impression
Ce peu de végétation,
Cette glace aux teintes brouillées

Vous causent dans ce coin désert
Où rien qu'un genêt — spectre vert —
Surgit des fougères rouillées.

LES DEUX VENINS

Près d'un gros champignon difforme
Ayant le bouffi du crapaud,
Ses rides, sa couleur de peau,
Médite une vipère énorme.

Sous le feuillage d'un grand orme
Tamisant le soleil de haut
Elle aspire, elle boit l'air chaud
En attendant qu'elle s'endorme.

LES DEUX VENINS.

Puis le prenant pour compagnon
De somme — au cou du champignon
Lente, elle fait sa ligature.

J'observe — et mes regards bénins
Sont émus par ces deux venins
Qui s'étreignent dans la Nature.

LE POULAIN

Tout seul dans ces prés frais et creux comme des caves,
Le poulain a si soif de sa mère jument
Que dans l'effort brutal et fou de son tourment
Il a rompu l'anneau de ses lourdes entraves.

La nuit s'approche, — ainsi que d'informes épaves
Glissant au fil de l'eau silencieusement,
Des nuages laineux rampent au firmament
Et les arbres déjà prennent des airs plus graves.

LE POULAIN.

Le poulain scrute un coin du morne horizon clos :
Mufle et crinière au vent, immobile, il écoute.
Soudain, il a bondi vers un bruit de grelots,

Et, vite, il a rejoint, comme la lune a lui,
Sa mère qui non moins inquiète de lui
Halte court, et le fait téter là sur la route.

L'ATELIER DU MENUISIER

L'atelier dort dans l'ombre grise :
Rampant des solives aux murs
Les rayons et les clairs obscurs
Y font un jour de vieille église.

J'ai tout le temps d'étudier
Chaque outil, sa forme et sa pose :
Le menuisier étant pour cause
Parti chez le cabaretier.

L'ATELIER DU MENUISIER

Sur l'établi — branches mi-jointes
La pince ! — à côté, goguenard,
Le marteau-tête-de-canard
Ricanant sur un sac de pointes.

Au long du maillet lisse et net
Le vilebrequin sans sa mèche
Ajoute un 5 baroque et rêche
Au valet qui fait un grand 7.

Là, sur du vieil acajou rouge
Le compas chevauche un racloir
Dont le coupant semble en vouloir
Au canal oblong de la gouge.

Ici, sont groupés sans façon
Tous les ciseaux jusqu'au bec d'âne ;
Une serpe luit, toute crâne,
Entre l'alène et le poinçon.

Figurant une olive jaune
En travers au bout d'un grand clou
La vrille apparait dans le flou
Avec un pain de cire en cône.

Du papier de verre en rouleau
Et le pinceau du pot à colle
Qui peint, vernit, mouille, bricole,
Se trempe dans l'huile et dans l'eau!

A moitié droites, les tenailles
Braquant leur bâillement sournois
Sur des ferrures de vieux bois
En pente contre les murailles!

Là, sortant d'un petit sabot,
La pierre à repasser, — navette —
Dans un vieux tesson de cuvette
Une brosse près d'un rabot.

L'ATELIER DU MENUISIER.

Celui-là se morfond! il grille
De refaire siffleusement
Sous son lamineux glissement
Maint beau ruban qui se tortille.

Un tournevis long comme un doigt!
D'autres énormes, d'aspect drôle,
Grattant, râclant, jouant le rôle
D'espèces de ciseaux à froid.

Vraiment dignes d'un antiquaire,
Règle plate et long crayon plat,
Deux inséparables — sont là
Sur l'angle écorné de l'équerre.

Plus loin, ce martelet nabot,
Le diamant coupeur de vitre,
Un fouillis de clous près d'un litre
Un bout de chandelle au goulot!

Une pauvre lime rognée
Se mire d'un air malheureux
Dans un bout de carreau vitreux
Couvert de toiles d'araignée.

Enfin, contre un bloc de mastic,
Sa lamelle en plein dans la pâte,
Le mètre se tord en aspic
Sur l'encaustique qui se gâte...

A terre, parmi les copeaux,
Dans la sciure, sous des pailles,
De mélancoliques ferrailles
Et de respectables vieux pots!

Sur une table où la limace
Traine sa glu, — des bois mouillés...
Moussue, entre ses coins rouillés,
La grosse tête de la masse.

L'ATELIER DU MENUISIER.

La tarière, ce grand T
En forme d'ancre de navire,
Qui mange le bois, tourne et vire
Dans les nœuds de sa dureté!

La besaiguë, aux lames vives,
Dont le manche veut les deux mains
Et qui sur le bord des chemins
Taille et dégrossit les solives!

D'autres outils des charpentiers,
Certains pour charrette et pendule,
Car notre menuisier cumule
Et fait un peu tous les métiers...

Et, tandis qu'au fond de l'échoppe,
Tout debout, la cognée en fer
Et la hachette en acier clair
Regardent songer la varlope,

Tandis qu'un petit papillon,
Perdu là sans se reconnaître,
Tape et retape à la fenêtre

Où le soir met son vermillon,
Trouvant la minute choisie,
Un chat furtif et papelard
Vient manger la couenne de lard
Sous les dents même de la scie.

LA NUIT BIENFAISANTE

Pauvres arbres ! je les regarde,
Je les visite à petits pas ;
Aux branches ne poind toujours pas
Leur fleurissement qui retarde.

Pourtant, çà et là, se hasarde
Un blanc-jaune, couleur trépas,
Sur un gros cerisier tout bas
Que l'âge dépouille et lézarde.

LA NATURE.

Ce matin, j'arrive au jardin ;
Mon œil ravi se pâme — et je me sens soudain
Comme désenglué d'un visqueux sortilège,

Car, enfin, la sève a produit
Aux chants du rossignol si tendres cette nuit
De la vapeur de rose et du brouillard de neige !

SUR L'ÉCLUSE

Près du long déversoir où, tout d'un bloc, à plein,
L'eau s'écroule en biais sur les pierres qu'elle use,
Le vieux bateau creusant la nappe de l'écluse
Ramène gars, bergère et brebis au moulin.

Le paysage boit la lumière au déclin :
Tout le sang du soleil dans l'air calme s'infuse,
Du troupeau resserré — masse grise et confuse —
Monte un grand bêlement qui hèle et qui se plaint.

L'homme et la fille se regardent.
Plus d'un soupir frôlant le silence qu'ils gardent
Dit combien ils voudraient se tenir embrassés !

En travers, assis sur la perche,
Ils pleurent tendrement, les doigts entrelacés,
Honteux de l'amour qui les cherche.

LA VIEILLE

La lumière s'est inclinée
De plus en plus vers son trépas :
Par la campagne, pas à pas,
Voici la nuit acheminée.
L'humble vieille parcheminée
Est assise après son repas
Près du feu qui ne chôme pas
Devant la plaque charbonnée.

Dans une posture gênée
Le chien dort; deux tout jeunes chats
Font des sauts et des entrechats
Sur leur mère pelotonnée.
Et la vieille émerillonnée,
En voyant brûler ses éclats
De bon bois sec..., chantonne bas
Une complainte surannée.
Or, soudain, les filles, les gars,
Toute l'agreste maisonnée
Avec le chien, à grands sabbats,
S'en va prendre ailleurs ses ébats.
La gent féline est retournée
Dans le grenier chasser les rats.
La bonne femme embéguinée
Rumine, ayant croisé les bras :
Sous le plancher fumeux et gras
De cette salle consternée
Elle pousse de longs hélas
D'être si seule abandonnée !
Mais, avec la triste journée
De vent de bise et de verglas

LA FUMÉE.

Qui meurt au tintement d'un glas,
Craque la voix désenfournée
Des grillons qui, fantômes plats,
Surgissant dans la cheminée
Viennent distraire ses yeux las
Et sa vieille âme renfrognée.

LA FUMÉE

Le temps a fini d'être brun.
L'atmosphère où le zéphir tremble
Est si subtile qu'il vous semble
Y voir monter souffle et parfum.

Au bout des courtes cheminées
La fumée accuse gaiement
La couleur et le mouvement
De ses spirales rubannées.

LA FUMÉE.

Partout, ce nuage de l'air
Empanache l'horizon vert;
Mais, que l'ombre vienne à renaître.

De près à peine on l'aperçoit...
Et de loin elle sort d'un toit
Ainsi que l'âme sort d'un être.

LES VIEUX PAUVRES

Les vieux pauvres par les chemins
Regardent l'eau, l'herbe et la branche,
Et leur bonne misère franche
Vague sans peur des lendemains.

Corps tannés — teints de parchemins,
Secs et ligneux comme une planche,
Les vieux pauvres par les chemins
Regardent l'eau, l'herbe et la branche.

LES VIEUX PAUVRES.

A l'heure où le soleil épanche
Ses plus sanguinolents carmins,
Solennels — tenant à deux mains
Le bissac où leur dos s'emmanche —
Avec leur longue barbe blanche,
Ils font l'effet par les chemins
De patriarches surhumains
Dont l'œil clair se lève et se penche.

LE PETIT BOIS

Ce bois qu'humecte la rivière
Et que rembrunit le plateau,
Change d'aspect sur son coteau
Suivant les jeux de la lumière.

Vert gui, vert lichen ou vert lierre,
Tantôt il avance — tantôt
S'aplatit en fresque — ou plutôt
A l'air de rentrer dans la pierre.

LE PETIT BOIS.

Voici que solennel et pur
Le crépuscule dans l'azur
Traine un rose de coquillage.

Et le bois teint par ces reflets,
Montre ses troncs tout violets
Sous le gris bleu de son feuillage.

LE FOSSOYEUR

Le trio rouge cru des enfants de chœur suit
Le prêtre en surplis blanc, sous le noir de sa chape.
Gémissements hurlés — court sanglot qui s'échappe,
Les prières, les chants ont terminé leur bruit.

Le trou s'ouvre — foncé maintenant par un mort :
Sur le cercueil jaunâtre humecté d'eau bénite
Un brin de sable — un peu de terre qui s'effrite,
Une pierre, un caillou dégringolent du bord.

Des agenouillements de femmes en capote
Au pied des croix — là-bas, d'aspect louche et lointain...
Puis personne ! — tout seul, le fossoyeur sabote.

Et, pelle en main, cet homme incarne le destin,
Quand il s'en va combler dans la nuit déjà brune
La fosse de six pieds qui bâille sous la lune.

LE MARAIS

Quand le printemps s'est installé,
Des vieux étangs, des grandes mares,
Monte vaseux, rauque et voilé,
Comme un concert dissimulé
De voix foisonnantes ou rares.

Ces voix, tout le jour, sont avares
De leur son mal articulé :
Murmure creux, gémi, raclé
Où tranche un bruit soudain de crécelles barbares.

Mais dès la nuit ! quel tintamarre !
Seul, dans un chemin isolé,
Au long d'un buisson qui s'effare,
On serait presque un peu troublé
Par le cri toujours plus enflé
De ces ventriloques bizarres
Des vieux étangs, des grandes mares.

L'ESCARGOT

Les oiseaux dont le bec s'aplatit ou se busque
Le canard, le héron, la poule, la margot
Ne trouveront pas là ce prudent escargot :
Nul danger qu'en sa grotte un ennemi s'embusque !

Désormais, soleil, froid, grand vent — rien ne l'offusque.
En fait de mousse humide il a ce qu'il lui faut ;
Tout hors de sa coquille, et corné roide et haut,
Il s'étale et se tend sans renfonçade brusque.

L'ESCARGOT.

Semblant plutôt voguer que ramper le mollusque
Laisse un luisant sillage au long du roc noiraud :
A cette heure il s'arrête ayant cheminé jusque

Au fond de la caverne — il est sur un terreau
Qu'ont formé récemment des fientes de blaireau
Dont la senteur compacte emplit l'air qu'elle musque.

LES ÉPHÉMÈRES

L'été, dans les endroits déserts,
Grouillent ces mouches minuscules :
Points noirs, mignonnettes virgules
Voltigeotant au bas des airs.

La nue et l'onde solennelles
Les regardent avec amour :
Leur vie est un bonheur d'un jour
Entre deux choses éternelles !

LES ÉPHÉMÈRES.

Aujourd'hui, pour épanouir
Leur ivresse de quelques heures,
Les bonnes brises sont meilleures.
L'ombre a voulu s'évanouir ;

Et le soleil que rien n'émousse
Fouille les bois, descend aux creux.
Parmi les coins gras et pierreux
Allume la flaque et la mousse.

Dans un nimbe d'or aveuglant
Elles tourbillonnent sans trêve
Sur une rivière de rêve
Taciturne et fixe en coulant.

Près d'un coudrier, d'un bouleau
A la ramure stupéfaite
Leur agitation muette
Répond au silence de l'eau

Elles font foisonnant des ailes
Comme un petit brouillard mouvant
Frôlé par un soupir du vent
Ou par le vol des demoiselles.

Mais peu à peu, l'heure les quitte,
Et puis une autre — une autre encor...
En se rapprochant de la mort
Elles vivent toujours plus vite.

Et le nimbe insensiblement
Pâlit — devient un cercle rose,
Puis rouge où s'acharne morose
L'innombrable tourniquement.

Chaque pauvre petite mouche
Va disparaître avant la nuit :
Voici que le soleil se couche.

Ayant pris naissance avec lui,
Elles meurent sur la rivière
Avec le roi de la lumière.

LA PRIÈRE

Plus que le genou qui fléchit
Sur les dalles froides d'un temple,
L'œil est pieux lorsqu'il contemple
Et qu'en lui tout se réfléchit.

On est vraiment religieux
Si, devant l'Aube qui se lève,
On a des larmes plein son rêve
Et du sourire plein ses yeux.

LA PRIÈRE.

La périssable créature
Qui s'émeut d'un soleil couchant
Bénit d'un hommage touchant
L'Eternité de la Nature.

Par l'effarement de l'abîme
Et le vertige du sommet
Avec le grand Sphinx on se met
En communion presque intime :

Le cœur tend et monte vers lui
S'il a de certaine manière
Le frisson blanc de la lumière
Et le frisson noir de la nuit.

On dit sa gloire et sa louange
En admirant ce qu'un rayon,
Une rainette, un papillon
Peuvent faire d'un tas de fange,

On lui montre qu'on le vénère
En regardant pousser le grain.
Comme on lui prouve qu'on le craint
En tremblant au bruit du Tonnerre.

Votre silence le célèbre
Quand, bois figés, dormantes eaux,
Vous ont pénétré jusqu'aux os
De leur grande stupeur funèbre.

Tel soir de pluie, un solitaire
Rend l'espace plus solennel
En y voyant dans l'arc en ciel
L'Arc de triomphe du Mystère.

Écoutant le Vent il l'invoque,
Il l'adore en humant la mer,
Et par son ivresse de l'air
Qui rit, s'exclame et soliloque.

LA PRIÈRE.

Quel sacrifice, quelle fête
L'exalte plus sincèrement
Que l'âme qui vit le tourment
Des arbres pendant la tempête !

Jouir, Souffrir, Penser les choses
Tour à tour joyeuses, moroses,
C'est implorer l'Être inconnu :

Et surtout grande est la prière
Sans autres témoins que l'air nu,
Le ciel et l'eau, l'arbre et la pierre.

TABLE DES MATIÈRES

Le Vent. 1
La Charrue. 11
Le Champ de Blé. 15
La Canicule. 19
Études de Vipères. 25
La Vieille Hache 28
Le Renouveau 32
Impression d'Hiver. 34
Les Feuilles Mortes. 36
Le Sculpteur. 48
Lune d'Orage. 50
Le Petit Témoin 56
Les Grandes Routes. 58
Le Brochet. 60
La Grosse Anguille 71
Les Chats-Huants. 73
Le Coucou 75

TABLE DES MATIÈRES.

Les Petits Endormis	80
Le Grillon	82
Les Deux Orvets	91
Les Révérences	93
Les Glas du Soir	95
L'Attardée	97
La Mouche	99
La Source	101
La Bête à Bon Dieu	105
Le Ciel	107
La Vision	120
Le Soleil Couchant	122
Le Casseur de Pierres	124
Les Moutons	126
Le Visiteur	137
Au Jardin	140
Les Vieilles Souches	142
La Vase	145
Le Fond de l'Eau	148
La Bergère	153
La Jument Aveugle	159
Effet de Pluie	161
Nuit Mystique	163
La Taupe	165
Au Crépuscule	167
Chaleur en Mer	169
La Couleur du Temps	172
Le Laboureur	177
Le Froid	179
Le Vieux Cimetière	186

TABLE DES MATIÈRES.

Le Fil du Télégraphe.	189
Le Vieux Merle.	191
L'Ornière.	193
L'Ecume de l'Eau.	195
Le Grand Rocher.	201
Le Crétin.	203
Conseil de la Nuit.	210
La Nuit d'Orage.	212
Les Libellules.	219
La Silhouette.	223
L'Orphelin.	225
Le Dormant.	228
Message de Printemps.	231
Passage de Fourmi.	234
Pluie dans un Ravin.	236
La Chagrineuse.	240
Le Petit Paysage.	242
Mon Chien Pistolet.	246
La Journée Divine.	248
Magie du Soir.	250
Les Violettes.	252
Floraison Jaune.	254
Le Roi-Silence.	256
Esquisse.	259
Le Foin.	261
L'Insecte Aquatique.	263
Les Fileuses.	265
Journée d'une Cigale.	267
La Bonne Rivière.	278
La Folie.	281

TABLE DES MATIÈRES.

Nuit de Feuilles. 285
Les Petites Croix. 287
La Bonne Bête. 289
Les Sylphes 291
La Grotte. 293
Le Troupeau de Vaches. 295
Matin Brumeux. 302
Le Bois de Houx. 304
Paysage Triste 306
Les Deux Venins. 308
Le Poulain. 310
L'Atelier du Menuisier 312
La Nuit Bienfaisante 319
Sur l'Écluse. 321
La Vieille. 323
La Fumée 326
Les Vieux Pauvres 328
Le Petit Bois. 330
Le Fossoyeur. 332
Le Marais. 334
L'Escargot 336
Les Éphémères. 338
La Prière. 342

ÉVREUX, IMPRIMERIE DE CHARLES HÉRISSEY.

www.ingramcontent.com/pod-product-compliance
Lightning Source LLC
Chambersburg PA
CBHW050802170426
43202CB00013B/2526